秘訣は不動産会社選びだった

ワンルームマンション投資の基本

トラスティーパートナーズ㈱
代表取締役社長
関野 大介

発行 TC出版
発売 万来舎

はじめに

本書は不動産投資に少しでもご興味をお持ちの方に、将来的に生活防衛の手段として有効な、安全で堅実なワンルームマンション投資の方法をご紹介するものです。

不動産投資というと、大金を注ぎ込んで大儲けをするようなイメージをお持ちの方もおありかもしれませんが、本書はそのようなリスクの大きな投資法をお勧めするものではありません。安全・堅実な投資とは、ローリスク、ミドルリターンを目指す投資法のことです。できるだけリスクを低くしながら、将来の人生の支えとなる資産を、少しでも増やしたいと思う会社員の方や自営業者の方、さらに学生の方にも読んでいただきたいと思っています。

私は現在、トラスティーパートナーズという会社を経営しています。2013年に立ち上げたこの会社は、業種としては不動産会社ですが、一般的な不動産業者とはまったく異なる事業展開をしています。大きな違いは、電話や訪問による営業活動を一切行わないことです。詳しくは本文で述べますが、弊社は完全会員制になっており、新規のお客さまはすべて、既存のお客さまのご紹介により、ご縁を結ばせていただいています。いわゆるプッシュ型営業を行わず、広告や宣伝も最小限にして、すべての経営資源をお客さまへの支援に集中させているのです。

このようなビジネスモデルは業界ではたいへん特異なものです。それでも設立以来、売上は年率３００パーセント程度の伸びを実現してきました。弊社が支援してきた多くのお客さまが不動産投資に成功されて、弊社のサービスにご満足いただいているからこその実績だと自負しています。そのサービスの目的は、不動産の売買や仲介、あるいは管理業務受託などといった、一般的な不動産会社が行っているサービスにとどまらず、お客さまの人生に寄り添いながら、お客さまの未来を豊かにするために、あらゆるサポートを提供していくという理念に基づいています。私は、不動産を通して幸せづくりのお手伝いをすることこそ、私と、私の会社の従業員の使命だと考えてきました。その想いを、「信頼されるパートナーたち」という意味の社名に込めています。

後述しますが、私自身、まったく手持ち資金がないなかで20代前半で初めてワンルームマンションを買い、その後さらに投資用マンションを購入して、収入を徐々に増やしてきました。10代から営業の仕事を始めましたが、個人の不動産からの収入を得ながら猛烈に働き、資産を増やした結果、20代の終わり頃にはトラスティーパートナーズの設立にこぎつけることができました。この会社は設立当初から事業が軌道にのり、年々会員数は増え、投資に成功されたお客さまの数も増えています。うれしいことに、一度弊社がお手伝いをして不動産投資をされたお客さまの多くが、次の物件への投資の前に弊社にご相談されるケースがたいへん多くなっています。そうしてご自分の資産形成に成功されたお客さまが、ご友人や会社の同僚の方などに弊社をご紹介いただけていることが、現在も順調に事業を展開できている理由です。

私自身が不動産投資に成功しただけでなく、たいへん多くのお客さまが弊社の支援を利用して成功されています。そのお客さまのなかには、不動産投資を始めたことをきっかけに弊社の事業や理念を知り、それに賛同して、それまでの仕事を辞めて弊社に入社してくれた人が何人もいます。自分が実体験した投資成功のノウハウを、これから不動産投資をしようと考える皆さんとシェアしたいという想いで入社してくれたのです。

そんな社員とたくさんのお客さまが、弊社をいわばサロンとして集まり、信頼できる情報交換の場となっていることが、弊社の一番の強みです。とはいえ、弊社とお客さまのネットワークは限られており、参加したくとも紹介してくれる知人がいないという方もたくさんおられます。そんな方にも、安全・堅実な不動産投資の方法をお伝えしたいとの想いから、本書の執筆を始めました。

またもう一つの目的もあります。それは、世間一般に蔓延している、不動産投資へのマイナスイメージを払拭することです。

本書を手にする方のなかにも、いわゆる「不労所得」を得ることに抵抗感がある方もおられるのではないかと思います。勤労が讃えられるのはどの国でも同様ですが、特に日本では勤労を美徳とし、働かずに収入を得る人を非難する傾向が強いように感じます。また、例えばバブル崩壊時やリーマンショック後に多くの不動産会社が負債を抱えて倒産し、個人投資家も大きな損失を蒙ったことや、2018年に発生した「かぼちゃの馬車」事件や「TATERU」事件などの不動産にまつわる不正融資事件が社会問題化したことも、不動産投資への不安を高め、さらにいかがわしいイメージを付け加えてしまいました。

しかし、不動産投資は働く人に生活の基盤としての住居などを提供するためのインフラ運用という一面を持ち、自分の勤労所得で得た資金を人のためになることに使い、適正な対価をいただく事業であり、何も後ろめたいことなどありません。また、バブル崩壊やリーマンショック後に大きな損失を出した事例は、ほとんどが不動産の転売益を見込んだ無理な投資が原因です。

本書で解説するのは、転売ではなく不動産賃料を目的とするインカムゲイン（後述）中心の不動産投資です。インカムゲイン中心の投資では、大きな経済変動があってもほぼ安定した収入が得られてきました。また、たとえ失敗したとしても、会社倒産や自己破産に至るような深刻な事態に陥る可能性は非常に少ないのが事実です。本当の不動産投資には人々の生活基盤を支え、社会を豊かにするという大きな意義があり、また適正な投資方法さえ知っていれば、他の投資対象に比べてリスクは非常に低くできるものなのです。

それだけに、不動産投資へのマイナスイメージはなんとも残念で仕方がありません。多くの人に、特に投資に対して漠然とした不安を持つ方に、不動産投資の実像を正しく知っていただくことが重要だと考えたのが、本書執筆の大きな動機です。

本書では、特に区分所有のワンルームマンションへの投資を中心にして、不動産投資の基本的な知識をまず解説し、その後、私やトラスティーパートナーズの仕事の内容や、特異なビジネスモデルもご紹介したいと思います。また、お客さまの成功事例や、そもそも弊社の顧客だったのに弊社の社員として働いてくれているメンバーの想いも知っていただきたいと思います。

将来の生活不安が高まるこの時代に、少しでもあなたの未来を豊かなものにするために、この本が多少なりともヒントになれば幸いです。

トラスティーパートナーズ 代表取締役社長　関野　大介

目次

第1章　なぜ、いまワンルームマンション投資なのか

第2章　不動産投資のメリットとデメリット

第3章　不動産投資パートナー選定の勘どころ

第4章　トラスティーパートナーズが業界を変える

第5章　未来を輝かせる不動産投資のために

第1章　なぜ、いまワンルームマンション投資なのか

大増税時代に資産をつくる意義とは

読者の皆さんは現在の年収に満足されていますでしょうか。もちろん人それぞれでしょうが、ここ数年、給与支給総額は緩やかではありますが上昇しているにもかかわらず、物価が上昇しているため、図［1］のように実質賃金は低迷しています。

働いても給料が実質的に多くならない現況のなか、貯蓄はどうなっているでしょうか。こちらは図［2］のように、この2年連続減少しています。2018年に注目してみると、貯蓄額は前年比60万円、3・3パーセントも減少しています。減少率は実質賃金の低下率よりもずっと大きいようです。

その原因はいろいろ考えられますが、やはり可処分所得（税引き前の給与収入から所得税、住民税、社会保険料を差し引き、児童手当を足したもの）が少なくなっていることが大きいのではないかと思います。つまり、税金と社会保険料に、働いた報酬の多くが吸い取られてしまっているのです。

所得税は、高所得層に厳しい税率が課されるようになり、給与所得控除も見直されて、

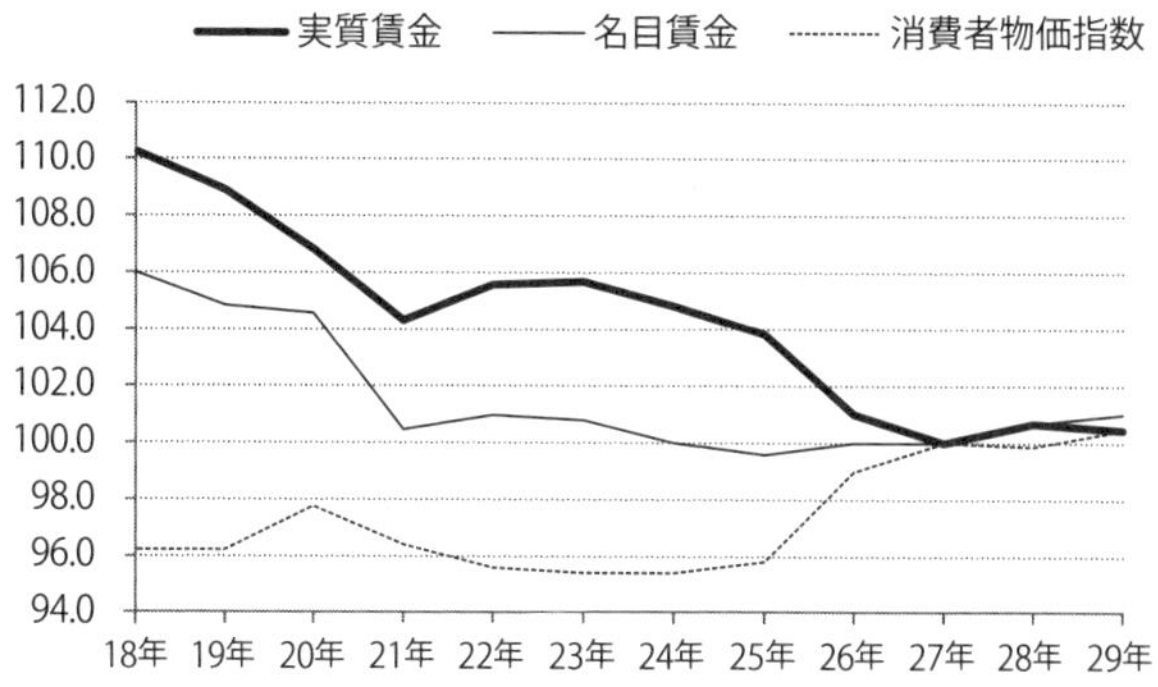

[1] 実質賃金、名目賃金、消費者物価指数の推移
（厚生労働省「毎月勤労調査平成29年」より）

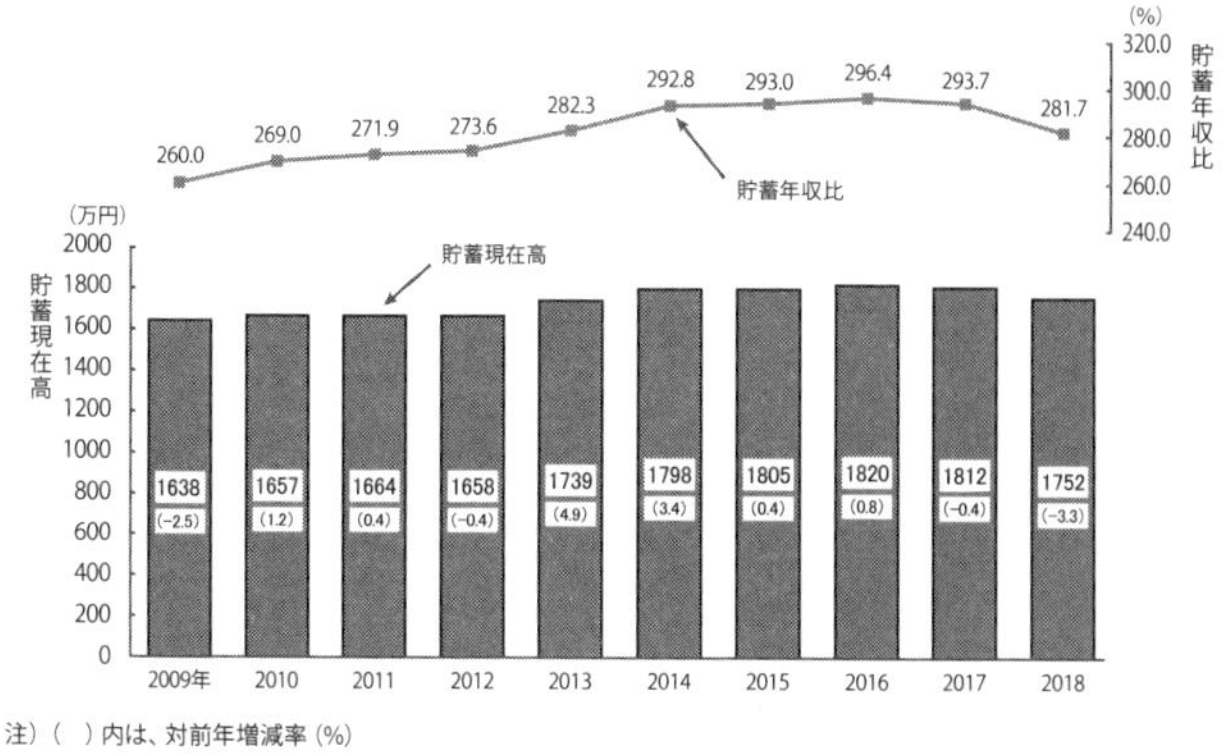

[2] 二人以上世帯の貯蓄の状況
（厚生労働省「家計調査報告（貯蓄・負債編）−2018年〈平成30年〉平均結果−〈二人以上の世帯〉」より）

およそ年収700万円を超える層の方の税負担が増えています。また逆進性のある消費税が2019年10月から10パーセントに引き上げられたこともあり、年収が少ない人ほど消費税負担が重くのしかかっています。

そのように国にたくさんの税金を納めている一方で、見返りとして得られるはずの社会保障のほうはどうでしょうか。

2019年に金融庁が「夫婦そろって65歳から30年間生きると、老後資金が総額で2000万円不足する」との試算を発表したことが大きなニュースになり、「年金では暮らしていけないのか」と論議を呼びました。これに対して担当相がその試算を記載した報告書を不受理としたり、首相が「年金制度に物価スライド方式を導入したから100年安心」という旨の発言をしたりして火消しを図りましたが、年金などの社会保障が今後今よりも手厚くなると思った人はいないでしょう。本当はみんな「年金だけでは老後を安心して暮らせない」ことがわかっているのです。

消費税が果たして10パーセントのままで今後何年続くのかわかりませんが、ヨーロッパのように20パーセントなどという水準になってもおかしくないと言う専門家もいます。所得税についても、少なくとも近年中に大幅に低減されるような見込みは全然ありません。

年金などの社会保障については、「１００年安心」なのは年金の制度だけ、保障の質を落とせば年金制度は揺るがないという、本末転倒の考え方です。

以前は主に保険業界から「老後を豊かに暮らすには1億円が必要」というようなＰＲが頻繁に行われていました。1億円の根拠は曖昧ですから、金融庁は特定の条件を設定して「年金だけでは平均２０００万円、支出が上回る」という、その条件のもとでは根拠のある数字を発表したわけです。実際には話題にならなかっただけで、数年前の政府統計で老後無収入世帯の実支出と年金などの実収入（いずれも平均値）には月6万円以上の差があることが指摘されていました。これに30年を掛けると２０００万円以上になりますね。

本当は老後資金は年金だけでは不足するのです。豊かな老後生活を求めるなら、なおさらです。自分に届く「ねんきん定期便」にある受給見込み金額を見れば、果たしてそれで生活がまかなえるかどうか、だいたい想像がつくのではないでしょうか。「これで十分だ」と言える人はごく少ないと思います。

そこで老後資金として必要になる２０００万円なり1億円なりをどのようにつくるのかが大きな問題です。人生１００年時代とも言われる今日ですが、誰もが会社の定年を大きく超えて働き続けられるわけではありません。将来を考えると、今から少しでも資産を増やせる方策を考える必要があります。

　働けるうちに頑張って働いていれば、やがてお金は貯まるでしょう。しかし貯めたお金をたんすにしまっていては増えることはありませんし、銀行に預けても、超低金利政策が続く今、数十年かけてもわずかしか増やせません。それよりは、資産を他の誰かに有効に使ってもらい、何かの価値を生み出してもらうほうが、社会にとってもずっと役に立ち、同時に自分の資産を増やすことにつながります。

　そのための投資対象として、私は区分所有のマンション投資を、それも東京23区を中心に、川崎市や横浜市なども視野に入れたワンルームマンションへの投資をお勧めしています。なぜなら始めるのが簡単で、リスクが低く、ほぼ確実に給与以外の収入を毎月得ることができるからです。最初から大きな資金は必要ありません。若い方には、「月1万円でマンションが持てる」と説明しており、学生向けのセミナーなどでこう言うと、皆さん非常にご興味をもたれます。若い頃に手に入れた不動産物件は、長期的に収入を生みますし、次の投資のための原資をつくることにもつながります。

　そんな投資の方法について詳しく語る前に、まずは不動産投資のトレンドの変化を振り返って見てみたいと思います。

バブル後、リーマン・ショック後の不動産投資

１９８６年のプラザ合意による円高・ドル安誘導に端を発して日本に歴史的な株価と地価の急騰が起きました。資産価値が上がることは一般的には歓迎すべきことなのですが、この時はあまりに異常な高騰が起きたのです。貿易赤字解消をもくろんだアメリカの動きに乗せられた急速な円高に対応するために政府は低金利政策をとり、その結果、余ったお金が株式市場や不動産市場などに注ぎ込まれました。これがバブル景気だったのですが、株や土地の実質的な資産価値とはほど遠い高値がついた見せかけの景気でした。

その狂乱のつけが回ってきたのが１９９０年代です。景気が低迷し、日本の「失われた10年」が始まります。不動産の資産価値は急落し、値上がりを見込んで転売しようともくろんでいた不動産業者や個人投資家は大損をし、借金をして無理な不動産物件を買った人は莫大な負債に悩まされることになりました。この時の企業倒産や、個人投資家の破産などが、不動産投資のイメージ低下を誘ったと私は思います。

その時に大損した企業や人のほとんどは、不動産物件の将来の値上がりを期待して、売

却益を目的にした投資を行っていたことに注意してください。不動産価格の上昇傾向が続くと見込んで購入した物件の価格が急落し、売るに売れない状況に陥ったのですからたいへんだったでしょう。

このような保有資産の価格変動を前提にして、安い時に買い、高い時に売って得られる収益を「キャピタルゲイン」といいます。キャピタルゲインを得る目的に適切な投資対象には、不動産以外にも株式や貴金属、絵画やゴルフ会員権などいろいろな投資先がありますが、基本的に価格変動を前もって予測することは難しく、先行きを見誤ると大きな損失につながります。

一方、売却益を期待するのではなく、資産を保有していることで継続的に得られる収益を「インカムゲイン」といいます。インカムゲインの代表例は銀行などへの預金につく利息です。これは現在年0・001パーセント程度の場合が多いようです。1000万円預けていても、1年でつく利息は100円です。これでは50年たっても5000円くらいにしか増やせません。物価が少しでも上昇したらまったく意味のない収益になります。

しかし不動産投資の場合は違います。主に不動産を人に貸して、賃料をいただくことになりますから、家賃をどのように設定するかによって変わりますが、例えば2000万円の物件を購入して月7万円で人に貸すと、年に84万円の収入になります。ここではごく単純に計算しますが、その状態を30年キープできれば２５２０万円の収入が入ることになります。購入価格を収入が上回り、かつマンションそのものも自分の所有になっています。これを売却することもできますし、自分で住むこともできます。実際には管理費用や税金などの支払いも多いのでこのとおりにはなりませんが、購入前に将来的に生み出す収益をしっかりと計算しておけば、銀行に２０００万円預けるのとははるかに違う利益を得ることができます。

このように、保有している資産の価値から得られる利益がインカムゲインです。不動産ばかりでなく、株式（配当金がつく）、投資信託（収益分配金がつく）などもインカムゲインを得る投資対象ですね。キャピタルゲインを期待する投資よりも、ずっと安全で堅実な投資ということができます。しかも、他の投資対象では価値がゼロになることがありえますが、不動産ではそこまで価値が下がることはほとんどありません。

しかし不動産購入時に銀行融資などを利用していた場合、賃料収入が返済額を下回ることがありえます。投資した金額に対して、インカムゲインがどれだけあるかを、１年あたりの平均割合として計算した数字が「利回り」です。

実質利回りがプラスの数字であればひとまず安心ですが、マイナスになるようでは債務超過の道をまっしぐらに進むことになります。本来はそんなことにならないような物件を選び、将来の利回りをきちんと計算して投資をすべきなのですが、バブルにうかれていた90年代には、キャピタルゲインを得ることに執着して、不動産を長期に保有することを考えず、利回りを度外視して不動産を購入した企業や個人が窮地に追い込まれました。その結果がバブル崩壊後の惨状です。

10年以上の歳月を経て、日本経済はバブル後遺症から回復していきましたが、2008年にはまたアメリカ発の大事件が起きます。リーマン・ショックですね。同国のサブプライムローンの破綻から、大手投資銀行のリーマン・ブラザーズが倒産したのをきっかけに、世界的な信用不安が広がりました。日本では銀行などが不動産投資への融資引き締めを始めたため、大手の不動産投資会社が資金調達に行き詰まり、次々に破綻する事態になりました。不動産以外でも大きな影響があり、その後も長期の不況が続きました。

ただしこの時、大きな不動産価格の変動があったわけではありません。不動産会社の自己資本比率や不動産取得の際の借入金の比率（ＬＴＶ）が適切でなかったことが原因と考えられ、その後、不動産業界各社では自己資本比率の引き上げや、借入金比率の見直しが行われました。つまり、自分の保有する資金を豊富にすることと、借りる金額比率を適正にすることを実行したわけですね。個人投資家にとっても、参考にすべき対応だと思います。売上や利益を上げていても、その時に使える現金（キャッシュフロー）がなければ会社は黒字でも倒産します。個人だって同じことです。

とはいえ、リーマン・ショック後の不動産投資会社の倒産増加も、本質的にはバブル崩壊時と同じように、不動産の転売目的のために多額の借入をしたことが原因です。インカムゲインを求める方向での不動産投資に対しては、リーマン・ショックもそれほど大きな影響を与えませんでした。

不動産の転売はすぐにお金になりますから、短期的に大きな儲けを得るのに有利ですが、買値よりも高く売れることが条件になります。よくよく経済の状況や買い手の心理を把握していなければ失敗する確率が高く、失敗した時の影響が甚大になりがちです。一方、賃料収入を目的にした場合は長期的に収益を上げていくことになるので、大儲けはできません。しかし地味ではあっても、着実に現金が得られます。また失敗するのは賃料収入よりも借入金返済と管理費用などの合計が上回ってしまう場合ですが、その多くは利回りの試算が適切でなかったことに原因があります。理屈からいえば賃料は不動産の価値を表すものですから、その価値を超える価格で買ってしまうと利回りが低くなり、収支がマイナスになるのです。ですから、不動産物件の価値を正しく認識し、適正な価格の物件を選ぶことが肝心です。利回りの計算さえ間違わなければ、インカムゲインを長期に安定的に獲得していけるため、たとえ経済状況の変化で当初の予想どおりにならなくなったとしても、大きな損失につながることは避けられます。

私がお勧めするマンション投資は、賃料というインカムゲインを得るために行うものです。とはいえ、キャピタルゲインについても正しく理解しておくべきだとは思います。長期的にインカムゲインを獲得して、もしも次の投資のための原資ができたなら、さらに有利なインカムゲインが得られる物件を求めることもできます。その時には、すでに保有している不動産物件を売却して、そのお金を原資に加えることができます。いくつもの不動産を保有している方は、キャピタルゲインを投資計画のなかに組み入れて、着実に資産を増やしている方が多いようです。

不動産投資は、まずは身の丈に合った物件を取得し、その資産運用に慣れたところで次の物件にトライしてみることをお勧めします。利回りに注意し、十分に物件特性や地域特性などを検討して投資していくことで、失敗の可能性は最小限に抑えられます。またインカムゲイン中心の考え方での投資はたとえ失敗してもにわかに深刻な生活危機に直面するようなことは起こりにくいのです。だからこそ、私は手軽に始められる東京圏のワンルームマンションへの投資をお勧めしています。バブル経済の崩壊とリーマン・ショックの教訓を忘れず、リスクと収益のバランスをよく考えた投資が必要とされています。

アベノミクス以降の不動産業界

さて、過去のことは教訓として覚えておくとして、現在の経済および不動産業界の状況はどうなっているのでしょうか。

現在の日本経済の動向に最も影響を与えているのは、安倍晋三首相が第２次安倍内閣発足の２０１２年12月に打ち出した「３本の矢」と称する経済政策です。これは長く続いた不況からの脱出を図るための政策で、「アベノミクス」と呼ばれ、２０２０年の今日も安倍首相主導のもとで続いています。

アベノミクスの「第1の矢」である「大胆な金融政策」は、お金の流通量（資金供給量）を大幅に増やす政策です。日本銀行の黒田東彦総裁はこれを「異次元の金融緩和」と呼び、日銀当座預金の金利を低くするなどの取り組みを行いました。つまり、銀行がお金を持ったままでは（銀行は日銀の当座預金にお金を預けます）ほとんど増えず、企業に積極的に貸し出したほうがトクになるようにして、経済を活性化させようという政策です。

お金がたくさん出回ることは物価上昇につながる一方、失業率低減、企業業績向上、給料アップなどに貢献するというインフレ誘導政策でした。インフレがあまり進行すると困るので、消費者物価指数をプラス２パーセントにするまで続けるということでしたが、なかなかその目標に達せず、２０１６年にはついに日本の歴史上初めてのマイナス金利が適用されました。銀行はお金を持ち続けていると損をすることになったわけです。こうした対策により、ＧＤＰが拡大し、株価も上昇、不動産価格も上昇しました。投資先に不動産を選ぶ人も多くなり、現在は不動産バブルとも呼ばれています。歴史は繰り返します。もし現在の不動産相場がバブルなら、それはいつか崩壊するのでしょう。本来の価値以上の価格がついているものは、やがて価格下落するのが当然です。あまり時流に流されず、本来の価値はどれだけなのかを評価する姿勢が肝心です。

なお、融資がしやすい環境になったことを背景に、無理な融資を行う会社も出てきました。２０１８年には銀行や著名不動産会社の不正融資事件が明らかになりましたね。これらは本来は融資できないはずの人に、一棟アパートの購入などに対する融資（いわゆるアパートローン）を、書類偽造などの手段で実行してしまった事件です。こうした事件を受けて、特にアパートローンの融資条件が厳しくなり、アパート運営に特化して事業を行ってきた不動産会社のなかには倒産するところも出てきました。

ところが、個人によるマンション購入に関しては特段に融資が絞られることもなく、相変わらず借りやすい状況が続いています。なぜなら、銀行などが融資する時の担保が、投資するマンションそのものだからです。融資判断を行う金融機関は担保の価値を正確に見積もっています。投資家が購入する物件が将来にわたって安定的な利回りで運用できるかどうかを調べて、大丈夫そうなら融資を行うのです。借りる人の信用度はその次の判断基準になっています。

つまり、このマンションならこの金額まで貸せるという基準が、銀行などの側にあるのです。その評価のいかんでそのマンションの利回りが算定されるので、利回りが悪い物件だと融資がつきません。逆に言えば、お金を借りて買える物件なら、普通に返済していける利回りは保証されているようなものです。ノンバンクはさておき、銀行の不動産物件に対する融資判断＝価値評価は、一般的には信頼してよいものだと思います。すなわち銀行からお金を借りて行う不動産投資は、株式や為替、貴金属などに比べてずっと安心できるのです。

さて、本書ではこれ以上詳しくは述べませんが、アベノミクスの矢はあと2本（機動的な財政政策と民間投資を喚起する成長戦略）あり、さらに追加の新3本の矢（希望を生み出す強い経済、夢を紡ぐ子育て支援、安心につながる社会保障）も放たれました。その行方や効果の評価については諸説ありますが、デフレ脱却に向かって経済成長基調を今後も歩みそうだとは言えるのではないかと思います。２０１９年の消費増税はとても大きな懸念材料で、当面の景気は停滞することが予想されています。それでも中・長期的には経済拡大の方向に進むのではないでしょうか。むしろその方向にするために、各種の政策が今後も打たれていくものと期待しています。景気がよくなれば、マンションの賃料も上昇傾向になるのが常です。利回りは現在よりもよくなることを期待してよいのではないかと思います。

もちろん将来、政策の転換や経済状況の変化、あるいは突発的な災害、事件などによって賃料を値下げせざるをえなくなることは考えに入れておかなければなりません。とはいえ現時点で想定できる範囲の値動き、利回りは専門家なら多様な情報源を分析して、合理的な予測のもとに算定しています。不動産の専門家といっても見誤ることはありえますが、個人レベルで限られた情報源の分析で将来予測をするよりは、はるかに高い確率で未来予測をすることができます。不動産の売買を行う会社、投資コンサルティング会社などの専門知識と分析能力を利用して、ご自分の判断の参考にするのは十分合理的です。頼れるパートナーを見つけることは、失敗しない不動産投資には必須だと言ってよいと思います。

地方と中央の格差が増大

アベノミクスがもたらしたものは必ずしもよいことばかりではありません。安倍政権発足以来、富める者と貧しい者の格差は著しく広がってしまいました。資産を持つ人はより多くのお金を稼ぎ、資産が少ない人はなかなかお金を増やせないのが格差社会です。政策の妥当性をここで論じたりはしませんが、格差是正のために政治が手を打つ必要が語られる時代になりました。いま資産が少ない人は、将来的に資産を増やせるようにしなければ、生活が脅かされる危機感を感じておられるのではないかと思います。安全に十分な資産をつくるには時間がかかります。なるべく早くそのための行動を起こすべきだと思います。

また貧富の格差という問題とともに、地方と中央の格差も大きく広がっています。地方から東京圏に引っ越す人が圧倒的に多くなっています。図［3］、図［4］は、2019年6月の人口移動状況の概況ですが、東京圏の転入超過は他の都市圏をはるかに上回っています（同年同月では前年比7パーセントの転入増加）。

東京圏への転入者が圧倒的に多い理由は、地方の人が経済的な豊かさを求めるからにほかなりません。首都圏には仕事があり、賃金も高いのです。32ページの図［5］を見ると明らかですが、東京の賃金水準は約38万円で全国トップ、次が神奈川県、その次が千葉県、そして大阪府、愛知県、京都府と続きます。全国平均は約30万円ですが、その水準を超えているのは8都道府県だけ、他の道府県はすべて平均以下なのです。

少子高齢化が進み、人口減少が起きている現在、人は都市部に集中し、地方は過疎化と高齢化が一段と進んでいます。これは不動産価格やマンション賃料にも反映されます。都市部の不動産価格や賃料は高く、都市部周辺のエリアがそれに続き、離れるほど安くなるのが一般的です。しかも従来から住宅が十分供給されてきた地方では、マンションやアパートの数よりも入居希望者が少なくなり、空き室が多くなる現象が起きています。マンションやアパートオーナーは、最初から空き室が生じる割合を織り込んで、利回りを算出して

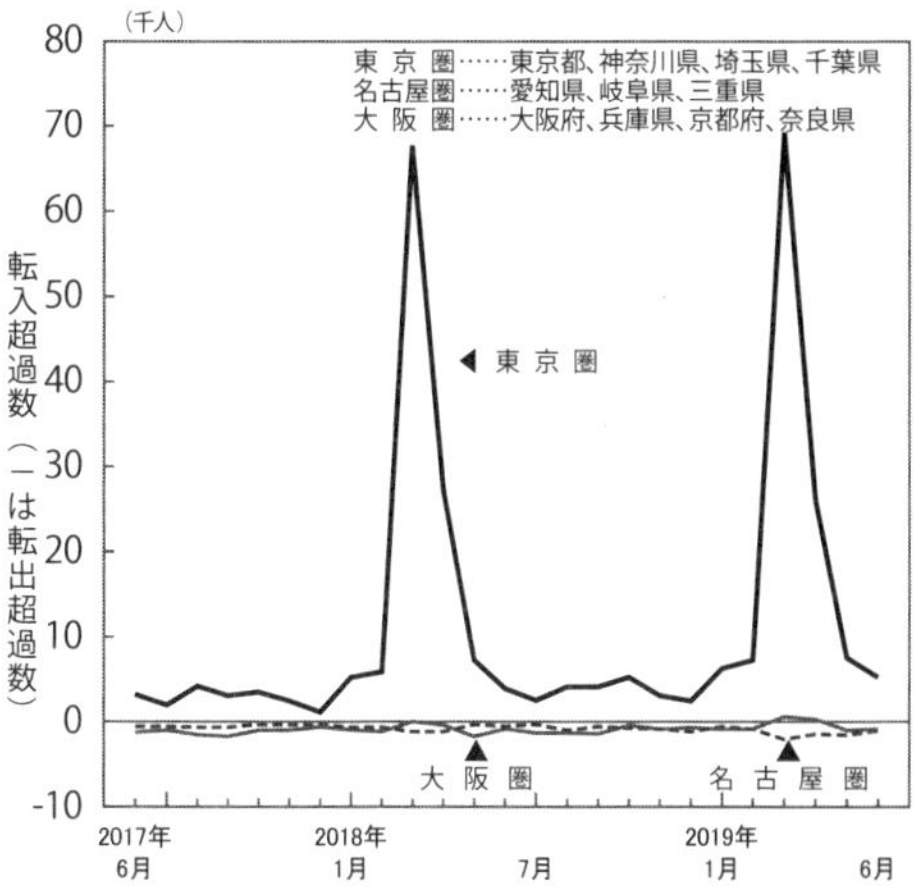

［3］3大都市圏の転入超過数の推移（移動者〈外国人含む〉）

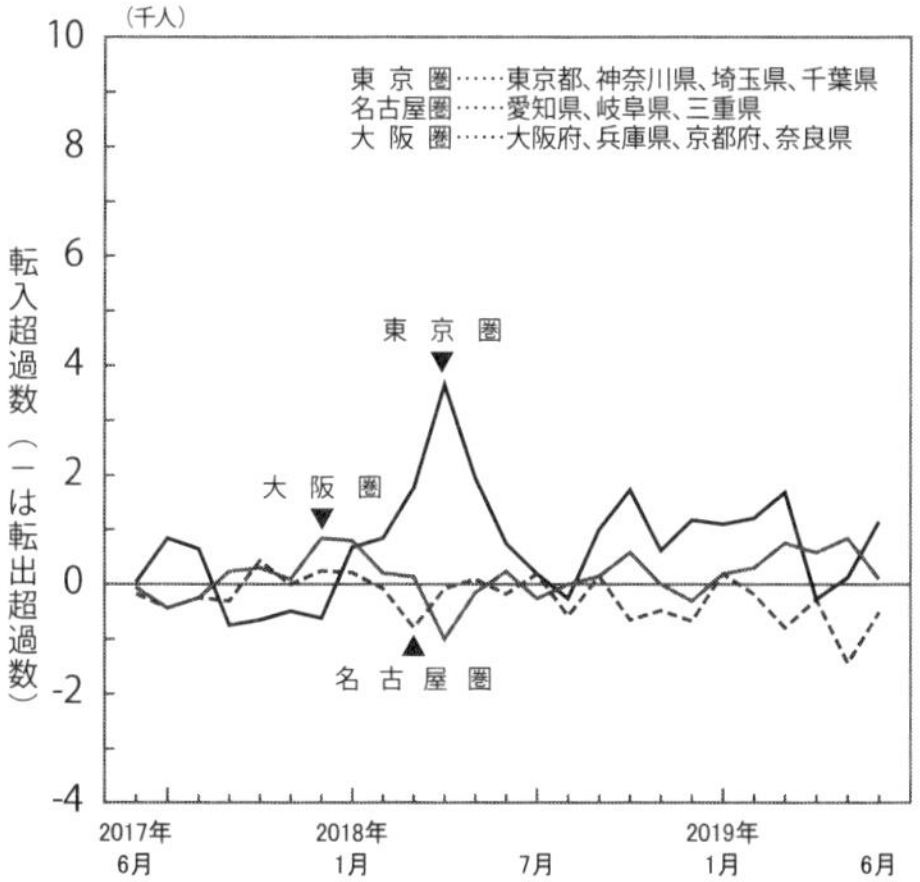

［4］3大都市圏の転入効果数の対前年同月増減の推移
（移動者〈外国人含む〉）

※［3］［4］ともに総務省「2019年6月の人口移動の概況」より

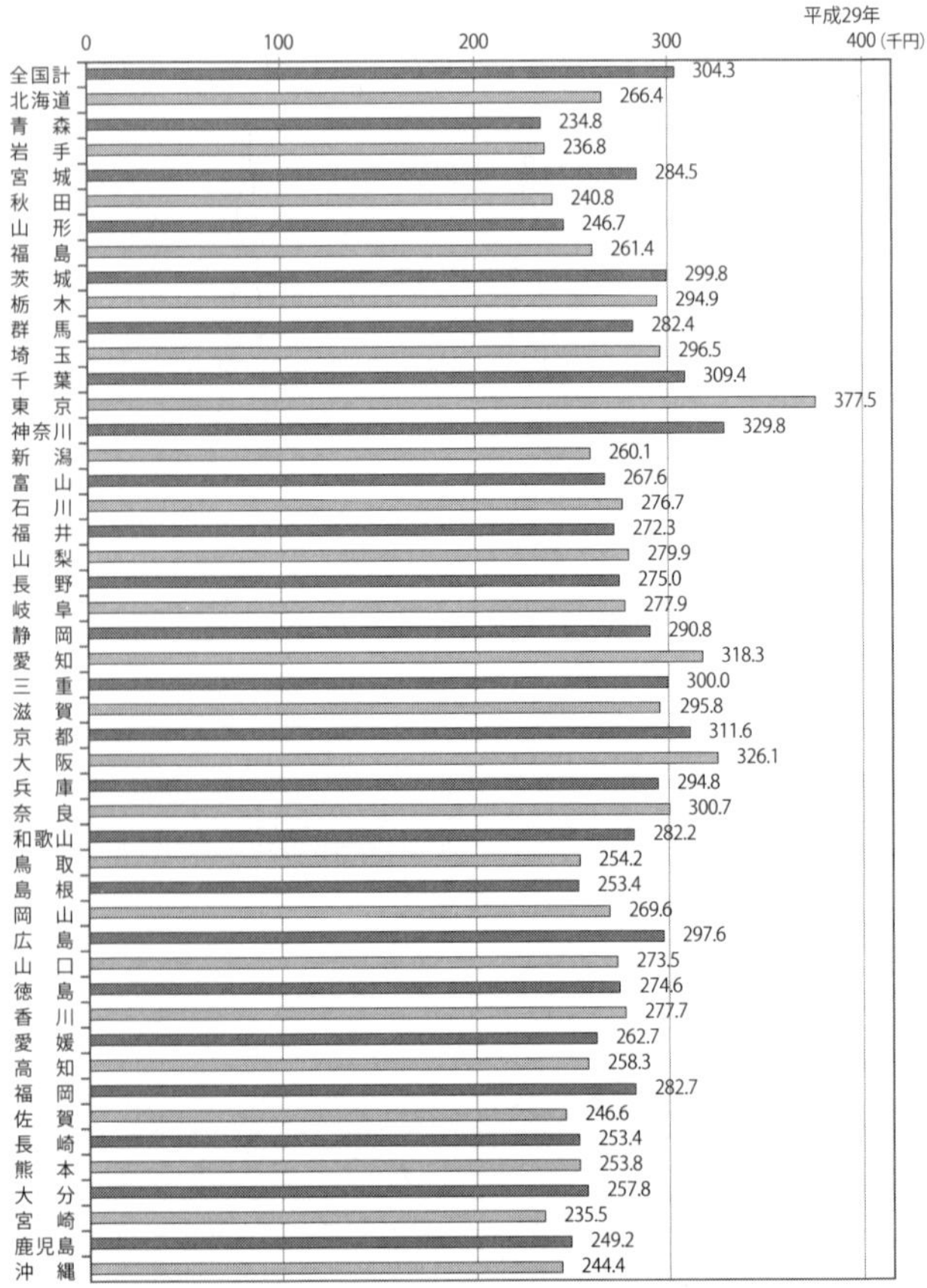

[5] 都道府県別の賃金（男女計、単位：千円）
（厚生労働省「平成29年賃金構造基本統計調査の概況」より）

購入しているわけですが、その想定空き室率から現実が大きくかけ離れてしまうと、利回りが悪くなって、経営が苦しくなってしまいます。

ところが都市圏、特に東京都では正反対の現象が起きています。東京23区エリアでは、住宅供給量はむしろ不足しており、空き室ができる率は低くなっています。住居が欲しい人が増え、受け皿が足りないのですから、東京23区内ではよほど場所が悪いか、物件の質が悪いか、管理が行き届いていないか、相当のマイナス事情がない限り、空き室率は他のどの地域よりも低く抑えることができます。また長期にわたって同程度の空き室率で推移することが予想できます。賃料も、他の地域よりは高く設定できるでしょう。そこそこよい利回りで住居用の不動産を運営できる可能性は、日本中で東京圏が最も高いと思います。

都心部の不動産賃料は安定して上昇

ただし、２０２０年のオリンピック後に景気がどうなるのかや、２０１９年10月の消費増税の影響が不動産価格や賃料にどう影響するかは気になるところです。将来予測は難しいのですが、その一例として次ページの図［６］の予測を見てみましょう。これは一般社

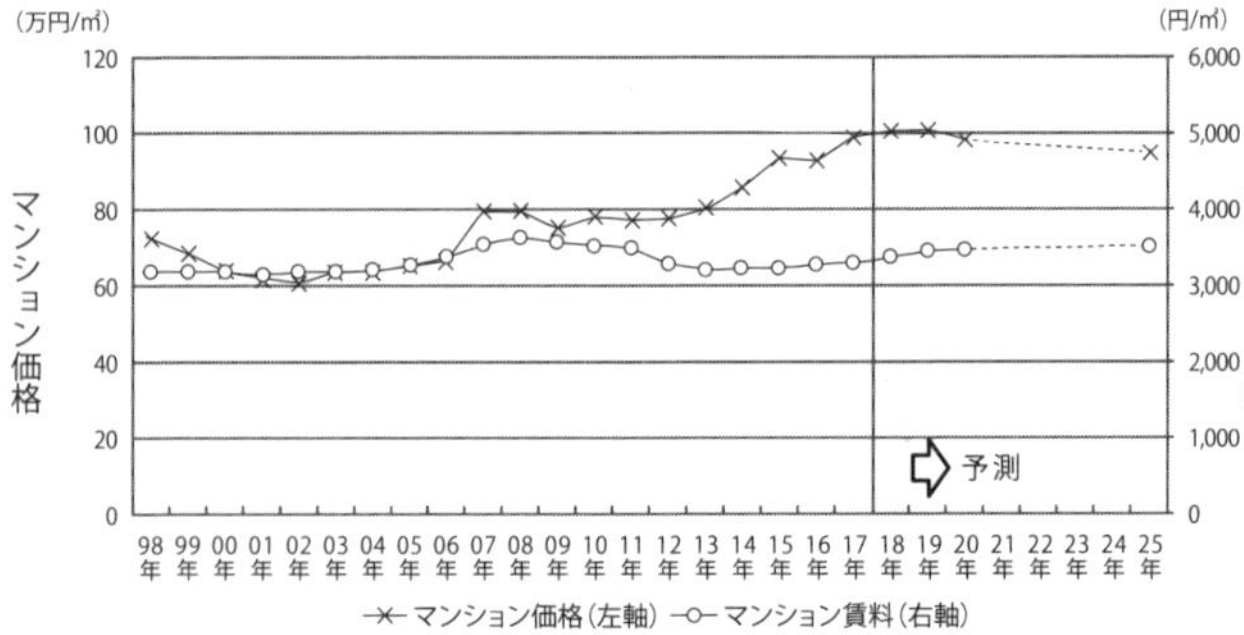

[6] 東京23区のマンション価格と賃料の中期予測
（日本不動産研究所 2018～2020年、2025年/2018 下期より）

団法人日本不動産研究所が公表している、東京23区の新築・標準タイプ（専有面積40～80㎡未満）のマンション価格および賃料の予測結果の公表数字です（2018年）。

今後はマンション価格は緩やかに下落傾向になっていく一方、賃料のほうは2020年にはプラス1・2パーセント程度の上昇率、その後はマクロ経済の安定推移を前提にしてほぼ横ばいで微増傾向という予測です。

マンション価格は増税の影響での下落が見込まれますが、賃料のほうは増税後も安定して微増傾向を示します。さらにその後は、マクロ経済の行方次第だということですね。

中央と地方の人口および経済格差は政治的な議論がなされるべき問題だと思いますが、それはさておき、投資家として、東京圏のワンルームマンションの賃料は中期的、そしておそらく長期的にも非常に安定していると予想できます。

全国の各地域から、働く人が東京に今後もどんどん集まってくることは確実で、マンション賃料は安定しています。ということは、ワンルームマンション経営のためには東京圏が最適で、安定した収益が将来的にも期待できるわけです。だからこそ、都内を中心にしたワンルームマンション投資が、いま最も安全で堅実な投資対象だと考えています。

老後を安心して暮らせる標準的な収入とは

不動産投資を行う目的として、老後を安心して暮らせる資産を形成することを第一に置く方がほとんどです。前章で触れたように、現役の給料生活を終えたあと、無収入になっても豊かに暮らせるだけの社会保障は今後期待することができません。老後にいったいどれだけの生活費があればよいのかには諸説ありますが、参考のために弊社で利用している情報源による試算をご紹介しましょう。

まず、図［７］を見てください。これは夫婦２人で老後の生活を送るために必要な費用

■1「ゆとりのある生活」を送るための生活費

夫婦2人で老後の生活を送るために必要な最低生活費を知っていますか？

生命保険文化センターが行った年収500～800万円の方を対象とした意識調査によると、平均が22.3万円となります。

一方、ゆとりのある生活を送るためには、最低生活費に14.3万円が必要という結果が出ています。

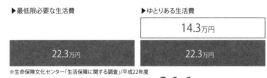

※生命保険文化センター「生活保障に関する調査」/平成22年度

22.3万円＋14.3万円＝　合計36.6万円/月

■2年金だけでは足りない現実

厚生労働省が発表した平成22年度の年金額によると、厚生年金[※1]で約23.3万円、国民年金[※2]は約13.2万円となっています。

つまり、厚生年金で「ゆとりある生活」を送るためには、毎月約13.3万円の不足、国民年金では、毎月約23.4万円もの不足となり、何らかの方法でこの金額を補う必要があります。

※1 夫婦2人分の老齢基礎年金を含む標準的な年金額
※2 夫婦2人分の老齢基礎年金
（厚生労働省 平成22年度の年金額）

夫婦2人で「ゆとりある生活」を送るためには、
厚生年金では約13.3万円/月が不足。国民年金では約23.4万円/月が不足。

[7] 年金だけでは不足する金額

について、生命保険文化センターが意識調査した結果です。年収５００〜８００万円の家族の場合の例ですが、最低限必要な生活費は約22・３万円という結果です。これは生きていくために最低限かかる費用ということですね。

しかし、ゆとりある生活を考える時、その費用にさらに14・３万円が必要だと考えているのです。月に合計して36・６万円がなければ、現役時代のようにゆとりある生活が送れないと考えておられる方が多いのです。一方、年金額のほうはどうでしょうか。

定年から25年を生きてゆくための金額は？

厚生労働省が発表した平成31年度の年金額（新規裁定者、67歳以下の人）は、国民年金の場合で６万５００８円、厚生年金（夫婦２人分の老齢基礎年金を含む標準的な年金額）は22万１５０４円です。ともに前年より若干増えているとはいえ、これでは最低限の生活すらできません。ゆとりある老後生活を営むためには、国民年金だけの人だと毎月約30万円が不足しますし、厚生年金の人でも約14万円不足することになります。

年金額はマクロ経済スライド方式で調整されますから、正確な金額が算出できません

❸老後25年間に必要な上乗せ額

以前は60歳から受給できた国民年金が65歳からの受給となりました。

厚生年金も段階を経て満額支給が65歳からとなります。

60歳で定年退職した場合、給料も年金も受け取ることのできない「５年間」は退職金や貯金でまかなう必要があります。

夫婦2人が「ゆとりある生活」を送るためには、「5年間」の合計で2,196万円が必要となり、その後「20年間」で不足する額と合わせると、5,388万円となります。

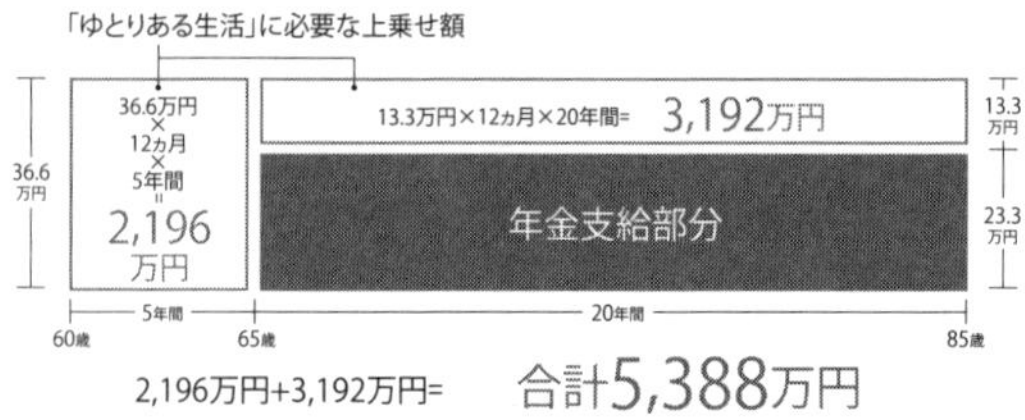

❹退職金や貯金だけでは足りない不足額

平成20年に行った厚生労働省の調査によると、退職金の平均は2,026万円[※1]となります。

老後の25年間には、5,388万円が必要となりますので、残り3,362万円を貯金や資産運用などで補う必要があります。

※1 勤続20年以上の大学卒（管理・事務・技術職）定年退職者の1人平均退職給付額
（厚生労働省「平成20年就労条件総合調査結果」）
※2 2人以上で暮らす60代の平均貯蓄額
（金融広報中央委員会「家計の金融行動に関する世論調査」2008年）

夫婦2人で「ゆとりある生活」を送るためには、
1,632万円の不足額を貯金や資産運用などで補う必要がある。

[8] 老後25年間に必要な金額と、退職金や貯金で補える金額

が、老後生活が25年続くとして、必要な合計額はどうなるかをおよその推計で示したのが図［８］です。これを見ておわかりのとおり、合計では５０００万円を大きく超える費用が必要になることは間違いないでしょう。その差を埋めるのは、貯金と退職金などですが、これも参考までの推計です。２０１８年のデータでは60歳代の貯蓄額（金融資産）は平均１８４９万円、中央値は１０００万円です。また、退職金は現在は１７００万円くらいが最も多いのではないかと言われています。図中のデータは少し楽観的かもしれませんが、それでも１６００万円以上が不足するという状況です。

年金と預貯金では必ず不足する生活資金

社会保障がもっと手厚くなればよいのですが、年金がマクロ経済スライド方式になったといっても、少子高齢化はこれからも急速に進んでいきます。次ページの図［９］に見るように、１９７０年には高齢者１人あたりの現役世代の負担者数は８・５人でした。45年後の２０１５年には高齢者１人あたり２人まで減ってしまっています。これではやはりどこかで制度をまた大きく変えない限り、制度は残っても実際にほとんど恩恵のないものに

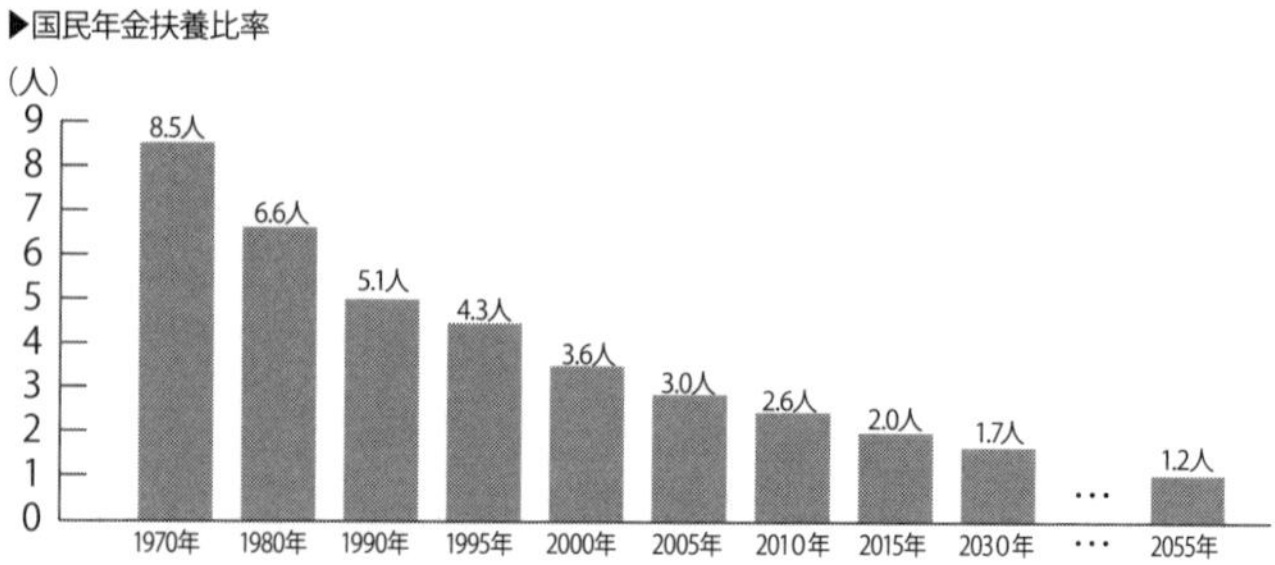

[9] 国民年金扶養比率

なってしまうのではないでしょうか。どうも国・行政にまかせていては、自分自身の将来の安心は現実のものにならないと考えたほうが正解です。

そこで、自分の力で将来に向けた資産づくりが重要になってくるわけです。現在では、自分で起業したり、副業をしたりして稼ぐことのハードルがかつてよりもいっそう下がっています。この環境下では、能動的に働いて資産を蓄えるのはたいへん素晴らしいことですし、お勧めしたいと思いますが、ただそのような活動の背後で、稼いだお金そのものに稼いでもらうことを考えたほうが間違いなくお得です。お金は手元に置いておくだけでは増えません。誰かにそのお金を使ってもらい、その誰かが稼いだお金の一部を戻してもらうのが投資です。投資対象さえ間違わなければ、自分の資産は何もしなくても増えていきます。図[10]に、どのくらいのお金が戻ってくるかの指標として

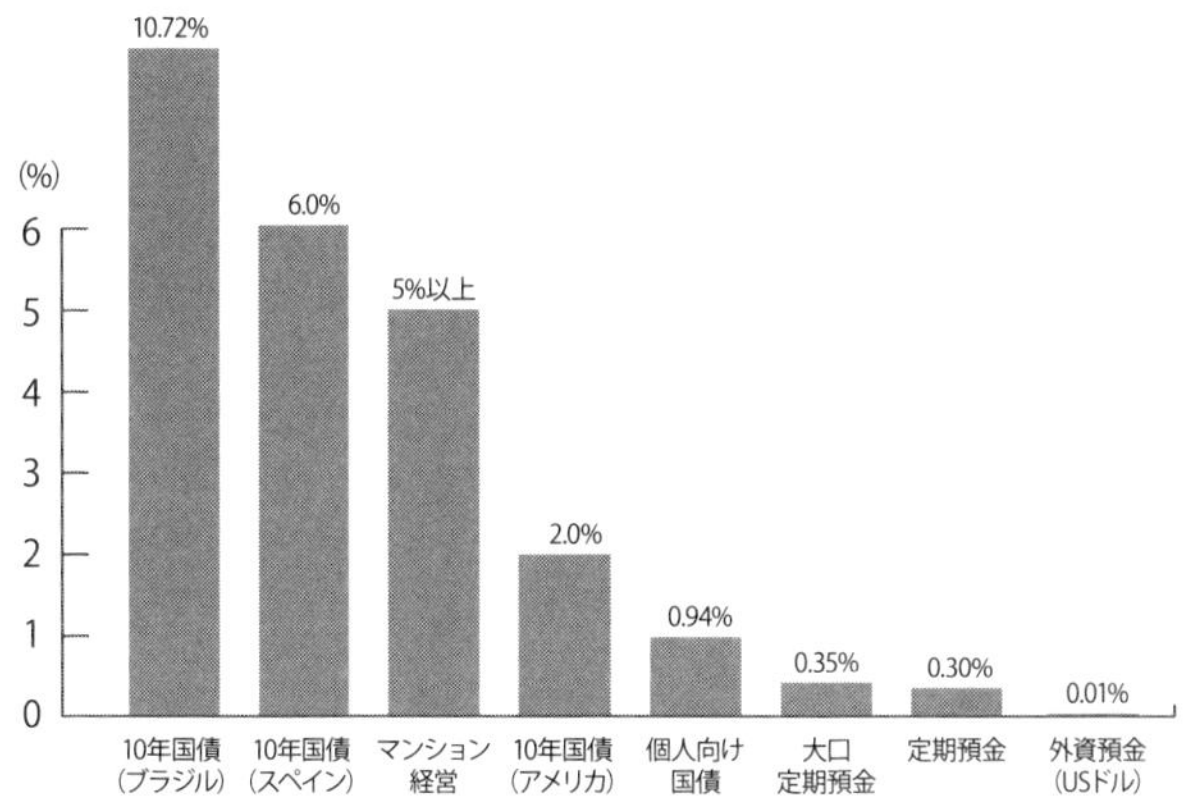

［10］投資対象の利回りの比較例

の「利回り」の例を、投資対象別にしたものを掲げます。これを見ると、外国債は非常に利回りのよいものがありますが、国際情勢や金利の変化で万が一の場合には投資した金額が半減するような事態にならないとは言えません。マンション投資は、ここでは利回り５パーセントと見積もっていますが、比較的安全な投資対象のなかでも非常に高い利回りを確保できるものです。もしも社会情勢が大きく変わったとしても、実際に得られる収益が半減したり、ゼロになったりすることはほとんど考えられません。すなわち、将来の安全のために、長期的に収益が安心して得られる投資対象として、不動産は絶好のものと言えるのです。

次ページの図［11］は、一般社団法人不動産証券化協会がまとめた不動産市況の概要です。不動

四半期総合収益率（年率換算前）の推移（AJPI）

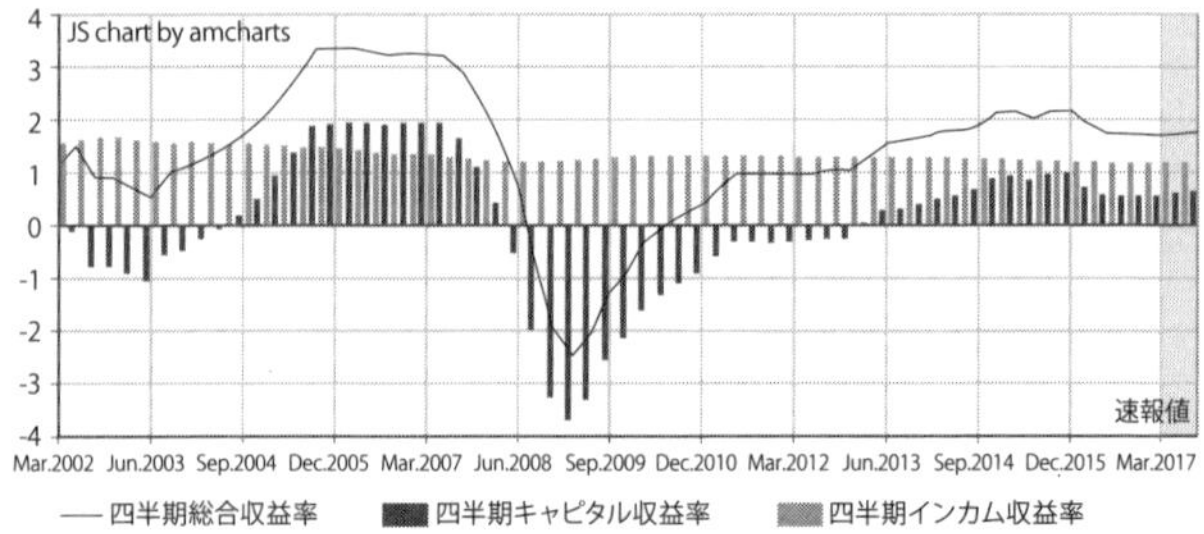

［11］不動産市況の推移の例

産価格の変化を表すキャピタル収益率は黒い棒のように推移していますが、賃料などの変化を表すインカム収益率のほうは、グレーの棒が示すように、きわめて安定した推移を示しています。インカムゲインを主目的にした不動産投資は、長期的にもたいへん安心できる投資対象であることが、この図からも裏付けられます。

日本や世界のビジネス環境はいま、ＩＴ化をはじめとしてこれまでとは別次元の大きな変革の時代を迎えるでしょう。ものの価値が大きく変化する可能性がありますが、住環境の価値が大きく揺らぐことはほとんど考えられませんし、不動産価格変動がたとえ激しくなったとしても、インカムゲインにはそう大きな影響を及ぼさないと考えられます。

第2章　不動産投資のメリットとデメリット

ワンルームマンション投資のシミュレーション

本章ではワンルームマンション投資のメリットとデメリットについて解説します。でもその前に、まず、実際にマンションを購入して長期に運用するとどのようにお金が入り、また出ていくのかを具体的に考えていただきたいと思います。弊社がサポートした実例に基づいて、以下にモデルケースを紹介します。これはあくまで一例であり、必ずこのような収支になるとは限りませんし、ローン金利なども時期や融資元によって異なりますから、参考としてのみ見てください。

想定したモデル（図［1］）は、31歳の方が頭金として120万円を用意して、金利2・05パーセントの35年ローンで販売価格2600万円の新築ワンルームマンションを購入したケースです。家賃収入としては共益費を含めて9万9000円としました。結論からいうと、この方がローン完済までに実際に支払う金額は830万円（収支計算のマイナス分）になります。つまり2600万円のマンションを830万円で買ったようなものです。そのマンションはその後も貸し続けられますから、家賃収入がまるまる入ってきます。そ

トータル収支

31歳〜65歳までのトータル収支は約830万円のマイナスとなりますが、
66歳以降は家賃収入が支出を上回るので、収入として約1,220万円が見込めます。

31歳〜65歳の収支

頭金	−1,200,000円
基本収支	−4,385,420円
諸経費等	−3,276,744円
税金収支	＋533,400円
合計	−8,328,764円

66歳〜85歳の収支

家賃収入	14,311,200円
更新料収入	＋212,500円（42,500円×5回）
その他設備交換	−360,000円
租税公課	−1,000,000円（50,000円×20年）
不動産所得にかかる税負担	−886,800円
合計	＋12,276,900円

生涯収支

＋3,948,136円＆
マンションの資産価値

ローン完済後、2,600万円のマンションが約830万円の支払いで資産として残り、
その後、収入として約**1,220万円**が見込めます。

［1］モデルケースのトータル収支例

の後仮に20年間運用できるとすれば、合計の家賃収入から経費や税金を引いて約1220万円が入ってくることになります。

どういうことなのか、詳しく見てみましょう。

家賃収入と支出のイメージは、次ページの図［2］のような構造になっています。

47ページの表［3］、表［4］には、収入の推移の例と、支出の推移の例を挙げました。

まず、家賃収入は9万9000円ですが、そこから融資返済をしなければなりません。これは月々8万2790円になります。それだけではなく、マンションの管理組合などに対して、管理費として7800円、修繕積立金として1500円、賃貸管理手数料が4158円といった金額を支払います。それらの支出は合計で9万6248円になります。する

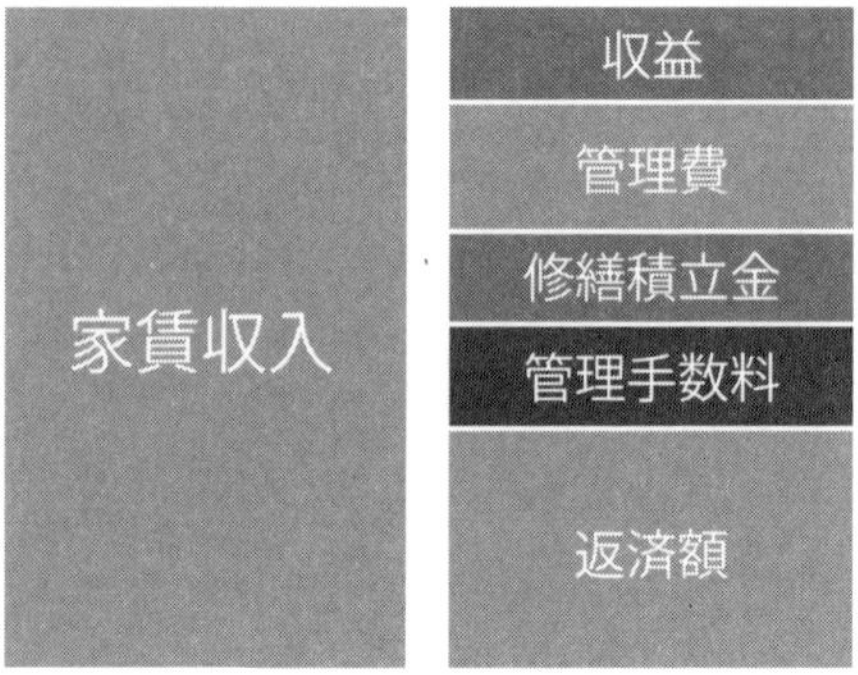

［2］家賃収入と支出の構造

と手元には２７５２円が残ります。これが儲けということですね。

収入額の変化

しかし、家賃は5～6年後に建物が古くなってくると徐々に下げていかざるを得ません。また更新料のほうは、通常は2年に1回の更新になりますが、入居者は入れ替わることが想定されますから、表では4年に1回、賃料の50パーセントの更新料が入るとして計算しています。すると、図［3］のように、だんだん収入は下がっていきます。

支出の変化

一方支出のほうでは、ローン返済額は一定ですが、管理費と修繕積立金は建物の築後年数の経過に応じて

▶家賃収入

	1年目(31歳)	6年目(36歳)	11年目(41歳)	16年目(46歳)	21年目(51歳)	26年目(56歳)	31年目(61歳)	36年目(66歳)
月額収入	99,000円	98,000円	96,000円	94,000円	92,000円	90,000円	87,000円	85,000円
年額収入	1,188,000円	1,176,000円	1,152,000円	1,128,000円	1,104,000円	1,080,000円	1,044,000円	1,020,000円

▶更新料(賃料50%)　※通常2年更新ですが、入居者の入替えを想定し、4年に1回の更新として計算しております。

3年目(33歳)	7年目(37歳)	11年目(41歳)	15年目(45歳)	19年目(49歳)	23年目(53歳)	27年目(57歳)	31年目(61歳)	35年目(65歳)
49,500円	49,000円	48,000円	48,000円	47,000円	46,000円	45,000円	43,500円	43,500円

［3］収入の推移

▶ローン返済額

	35年間
月額収入	82,790円
年額収入	993,480円

▶管理費

	通年
月額収入	7,800円
年額収入	93,600円

▶修繕積立金推移

	1年目(31歳)	5年目(35歳)	8年目(38歳)	13年目(43歳)
月額収入	1,500円	3,000円	7,000円	14,000円
年額収入	18,000円	36,000円	84,000円	168,000円

［4］支出の推移

段階的に増えていきます。

こちらは図［４］のようにだんだんと上がっていきます。

基本収支の変化

このように収入が減っていくと同時に支出が増えていくのですから、やがて収支は逆転します。家賃収入に更新料を足し、そこからローン返済額・修繕積立金・管理費・管理手数料を引いた額が基本収支になります。

次ページの図［５］に、基本収支の変化を示します。

基本収支がマイナスになるのは８年目、38歳を迎える時には毎月３７０６円の持ち出しになります。その持ち出し金額は、61歳になる時には２万１２４４円に増えています。

注目すべきは65歳以降です。この時点でローンは完

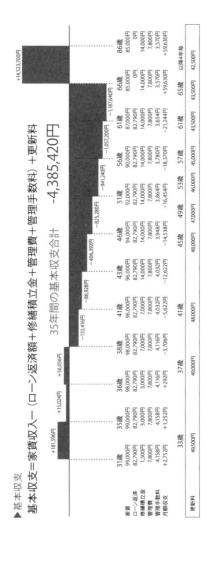

▶基本収支

基本収支＝家賃収入ー（ローン返済額＋修繕積立金＋管理費＋管理手数料）＋更新料

35年間の基本収支合計　-4,385,420円

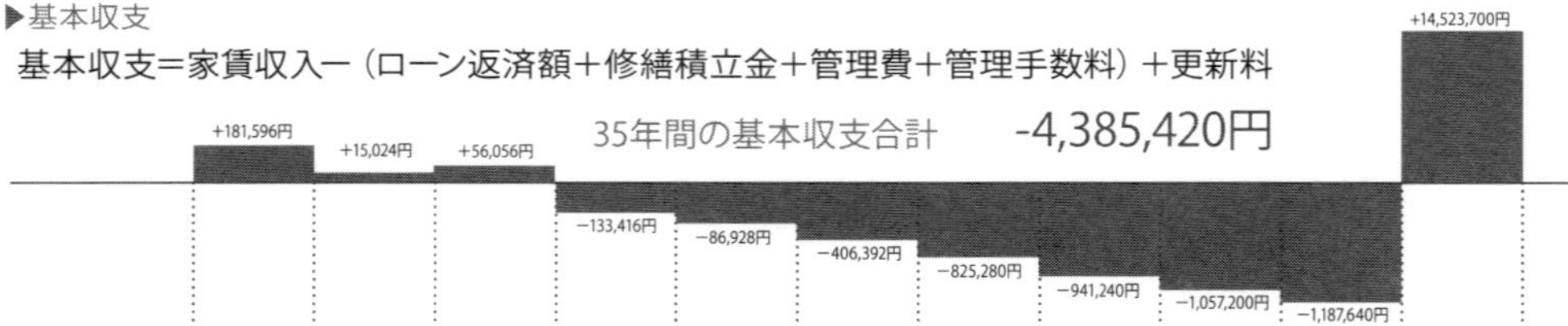

	31歳	35歳	36歳	38歳	41歳	43歳	46歳	51歳	56歳	61歳	66歳	86歳
家賃	99,000円	99,000円	98,000円	98,000円	96,000円	96,000円	94,000円	92,000円	90,000円	87,000円	85,000円	85,000円
ローン返済	82,790円	82,790円	82,790円	82,790円	82,790円	82,790円	82,790円	82,790円	82,790円	82,790円	0円	0円
修繕積立金	1,500円	3,000円	3,000円	7,000円	7,000円	14,000円	14,000円	14,000円	14,000円	14,000円	14,000円	14,000円
管理費	7,800円	7,800円	7,800円	7,800円	7,800円	7,800円	7,800円	7,800円	7,800円	7,800円	7,800円	7,800円
管理手数料	4,158円	4,158円	4,116円	4,116円	4,032円	4,032円	3,948円	3,864円	3,780円	3,654円	3,570円	3,570円
月額収支	+2,752円	+1,252円	+292円	−3,706円	−5,622円	−12,622円	−14,538円	−16,454円	−18,370円	−21,244円	+59,630円	+59,630円

	33歳	37歳	41歳	45歳	49歳	53歳	57歳	61歳	65歳	以降4年毎
更新料	49,500円	49,000円	48,000円	48,000円	47,000円	46,000円	45,000円	43,500円	43,500円	42,500円

［5］基本収支の推移

済しています。毎月支払っていた８万２７９０円がゼロになるのです。それから先は家賃収入が支出を大きく上回るようになります。毎月５万９５３０円のプラスに転換するわけです。

トータル収支は諸経費を含めて計算

家賃収入が支出を上回ったといっても、実際にはローン手数料などの初期費用がかかっており、損害保険にも入る必要がありますし、固定資産税や不動産取得税も払わなければなりません。またマンションの部屋の設備は老朽化しますから、定期的にメンテナンスや交換が必要です。そうした諸経費は次ページの図［6］のように算出できます。

ここでは想定される経費の細かい内訳は省いて考えますが、35年間の諸経費を合計すると、３２７万６７４４円の支出となります。たいへん大きな金額になりますね。これを考えずに収支を試算すると大きな失敗になりかねません。

ただし、税金に関してはかなりの節約ができます。給与所得者の場合、マンションを購入して賃貸経営を行った場合に、減価償却費やローン返済に払う利息の一部、管理費などが経費として計上できます。すると不動産所得よりも大きな金額になりますから、あくま

諸経費等

①初期費用

	1年目のみ
年額支出	641,164円

②損害保険料

	1年目のみ
年額支出	55,580円

③租税公課　※固定資産税、不動産取得税(2年目のみ)

	1年目	2年目	3年目以降
年額支出	200,000円	50,000円	50,000円

③その他の設備交換

エアコン交換……　7年毎に60,000円
給湯器交換……　10年毎に100,000円
換気扇交換………　8年毎に20,000円

基本収支の項目以外に、ローン手数料などの初期費用や損害賠償保険料、固定資産税・不動産取得税などが必要となってきます。

35年間の諸経費合計

①初期費用	−641,164円	
②損害保険	−55,580円	
③租税公課	−1,900,000円	(35年間合計)
④その他	−680,000円	(35年間合計)

合計　−3,276,744円

［6］支払うべき諸経費

で帳簿上のことですが不動産収支が赤字になります。赤字分は課税所得から差し引かれるため、相当の所得税が還付されることになり、住民税の負担も軽くなります。

35年のスパンで合計すると、なんと53万3000円の節税ができる計算になります。もちろん税率が変わることはあるでしょうが、現時点では、不動産投資にはこれだけの節税効果があるということです(表［7］)。

これらのプラス、マイナスを合わせたのが、前述のトータル

1年目	2年目	3年目	4年目	5年目	6年目	7年目	8年目	9年目	10年目
+332,000円	+135,300円	+53,500円	+33,300円	+25,800円	+21,100円	+3,100円	0円	+1,300円	0円
11年目	12年目	13年目	14年目	15年目	16年目	17年目	18年目	19年目	20年目
+5,200円	+1,800円	+37,500円	+34,000円	+30,100円	0円	0円	0円	0円	0円
21年目	22年目	23年目	24年目	25年目	26年目	27年目	28年目	29年目	30年目
0円	0円	0円	0円	0円	0円	0円	0円	0円	0円
31年目	32年目	33年目	34年目	35年目	36年目～47年目		48年目～		
0円	0円	0円	−89,000円	−92,000円	−30,300円(年)※		−65,400円(年)※		

※厚生労働省発表の標準年金額を基に税額を計算

[7] 節税効果の試算例

収支です。31歳でマンションを購入して、85歳まで運用できたとすれば、生涯のトータル収支は４０００万円弱になりますし、それに加えて老朽化してはいますが、マンションにまだ資産価値がある場合があるのです。

なお、このシミュレーション例は、他の不動産会社が公開している数字に比べると、だいぶ控えめだと思われるかもしれません。実際、現在銀行の不動産投資ローンの金利は1パーセント台の場合がありますし、日本政策金融公庫でも2パーセントを下回ることがほとんどです。金融機関を選ぶことで、試算は大きく変わります。また税率など、厳密な予測ができない要素もたくさんあります。このシミュレーション例は、有利な条件ばかりを想定したものではありませんから、このくらいのトータル収支は将来多少の環境変化があったとしても想定できるレベルだと思います。参考にしていただければ幸いです。

では、次に本題のワンルームマンション投資のメリット・デメリットの解説に入りましょう。まずはメリットから説明していきます。

メリット1　社会保障では不足する収入を補塡

第1章では、老後の25年を豊かに暮らすには少なくとも1600万円が不足すると計算しました。その不足分の多くをワンルームマンション投資によって埋めることができることは、シミュレーション例からもおわかりいただけると思います。ただしシミュレーションでは得られる老後資金は1200万円余りですから、それでも足りないのが現実です。

不足分を補うには、もっと利回りのよい物件に買い替えたり、適切なタイミングで売却して売却益を得たり、次の投資物件を探して新たに投資したりする工夫が必要になるかもしれません。

弊社のお客さまの場合は、複数の物件に投資を広げておられる方が多くを占めています。その場合も、良好な入居率が得られて利回りが高い都内のワンルームマンションを選ばれることが多い現状にあります。そのように運用を工夫していくことで、社会保障だけでは足りない老後資金を補塡していくことができます。

つまり、家賃収入で社会保障で不足する分を補うという意味で、個人年金に加えた収入となっていきます。

メリット２　団体信用生命保険を終身保険のように使える

また、大事なポイントの一つとして、住宅ローンに付帯される団体信用生命保険があります。これは個人の生命保険の役割を持っています。住宅ローンの返済途中で持ち主が死亡したり、高度障害になった場合に、生命保険会社が住宅ローンの残高を全額肩代わりして支払ってくれる仕組みです。自分が住むために購入したマンションですでに団体信用生命保険に加入している人でも、投資用のローンを利用して購入する投資用物件のそれぞれ（物件ごと）に加入することができます。

もしもご自分に万一のことがあっても、家族がローン返済負担に苦しむことがないようにつくられた保険なのですが、返済後の不動産物件は、そのまま家族のものになります。賃貸物件としてそのまま運用することもできれば、売却することもできます。単にローン残高が帳消しになるだけでなく、不動産を家族のために残せるというわけです。掛け捨て

▶掛け捨て型生命保険の場合　例）掛け捨て型生命保険2,000万円　契約年齢40歳　払込期間35年

	保険期間50歳まで	保険期間60歳まで	保険期間75歳まで	保険期間80歳まで
大手生命保険O社	月5,580円	月7,520円	月11,080円	月12,440円
大手生命保険MLA社	月7,120円	月9,840円	月17,240円	月21,280円
大手生命保険H社	月5,960円	月8,700円	月16,660円	月20,380円
大手生命保険TKN社	月7,000円	月9,760円	月17,100円	月21,180円

▶団体信用生命保険の場合　例）2,000万円のマンションをローンで購入　契約年齢40歳　払込期間35年

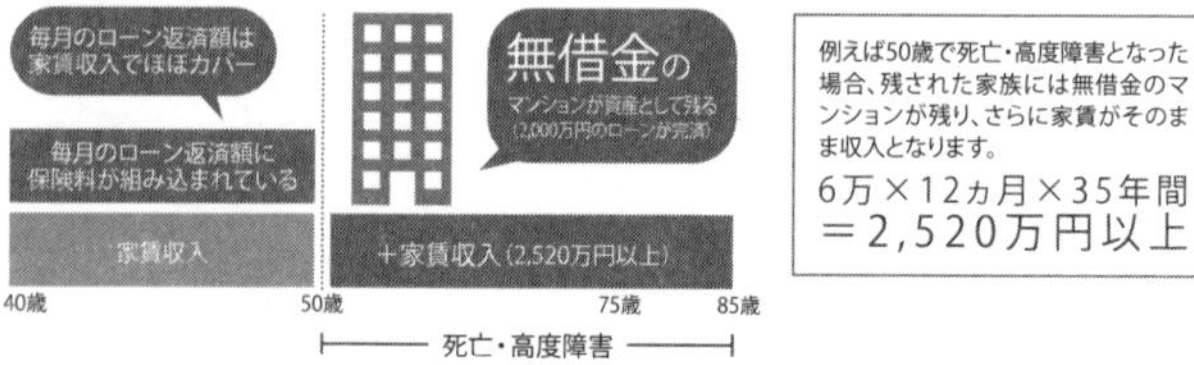

▶生命保険（終身保険）の場合　例）大手生命保険H社 終身保険2,000万円　契約年齢40歳　払込期間35年

［8］掛け捨て型生命保険・終身保険との比較

型の生命保険とは違い、無借金のマンションが資産として受け継がれるのです。

本人に万一のことがあった時に役立つ保険として終身保険を契約する人も多いのですが、長期にわたって続く住宅ローンの団体信用生命保険はそれと同様の役割を担うことができる一方、高額になりがちな終身保険に比べて保険料負担が軽いのも特徴です。

具体的に掛け捨て型生命保険や終身保険と比較してみましょう。図［8］上に大手生命保険会社の掛け捨て型生命保険の保険料の例を示します。40歳の方が2000万円の掛け捨て型生命保険（保険期間70歳まで、払込期間35年）に加入した場合、H社

の場合だと毎月1万６６６０円を支払うことになります。35年の合計では７００万円弱の支払いになりますが、万が一のことが起きた場合に家族は２０００万円を受け取ることができます。一方、団体信用生命保険は多くの場合、ローン返済額に組み込まれており、意識せずに保険料を納めている人が多いのです。死亡や高度障害となった場合にはローン返済残額がゼロになるだけですが、仮に家賃6万円のマンションを運用していた場合、その後の家賃はそのまま家族の収入になりますから、35年のスパンでは２５２０万円以上の収入となります。

また、終身保険の場合では図［8］下のように、月々の払込額は例えば3万７００円というように高額になります。健康に異常がなくても途中で解約すると返戻金が支払われるので、何かの時のために加入する人が多いのですが、返戻金はその時点までの払込総額よりも低くなります。払込期間を過ぎてからであれば払込総額よりも高くなりますし、当然死亡した場合は２０００万円が家族に渡ります。団体信用生命保険では無借金のマンションがそのまま残るのですから、その後の運用や売却により終身保険よりも多くの収入となることがあります。

また、ねんきん共済は、年金の不足分を補うために加入することが多いですが、例えば

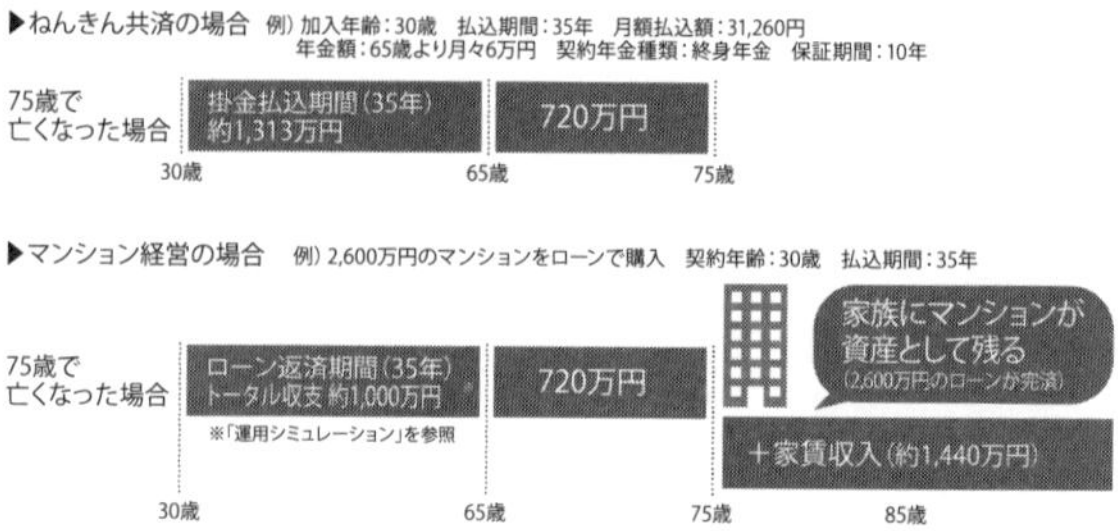

［9］ねんきん共済との比較

30歳で65歳より毎月6万円受け取れる終身年金（保険期間75歳まで）に加入した場合、月々3万1260円の費用が掛かります。もしも75歳で亡くなられた場合にはご家族にはお金が入りません。こちらの場合も、団体信用生命保険の場合は無借金のマンションを家族に残せるため、家賃収入が入ります（図［9］）。

もちろん掛け捨て型生命保険・終身保険・ねんきん共済も老後の安心につながりますから決して否定するものではありません。ただ、インフレがもし2パーセント台で今後長期に続くとした場合、数十年後に戻ってくるお金の実際の価値は目減りしています。現在の2000万円は、20年後には現在の1400万円の価値にしかなりません。一方、不動産の資産価値はインフレによって上昇傾向となりますから、より安心できるのではないかと思います。

法定相続分に応ずる取得金額	税率	控除額
1,000 万円以下	10%	−
3,000 万円以下	15%	50 万円
5,000 万円以下	20%	200 万円
1 億円以下	30%	700 万円
2 億円以下	40%	1,700 万円
3 億円以下	45%	2,700 万円
6 億円以下	50%	4,200 万円
6 億円超	55%	7,200 万円

[10] 相続税率

メリット３　相続税対策としても有効

ご自分に万一のことがあった場合に、残されたご家族になるべく迷惑をかけないように、資産を引き継いでもらいたいと思うのが人情です。その時に障壁になりがちなのが相続税です。相続税は表［10］に見るような税率でかかります。つまり遺産額から控除分を引いて、残りに10〜55パーセントの税率を掛けた金額を国に収めることになります。この時、遺産額は現金や有価証券の場合だと、その金額（時価）そのものになりますが、不動産を金額に換算する時には、建物については固定資産税評価額が用いられ、土地については市街地では路線価方式、市街地以外では倍率方式で算出されます。

評価額の計算は、物件によって複雑になりますが、一般的には、購入したワンルームマンションの相続財産としての評

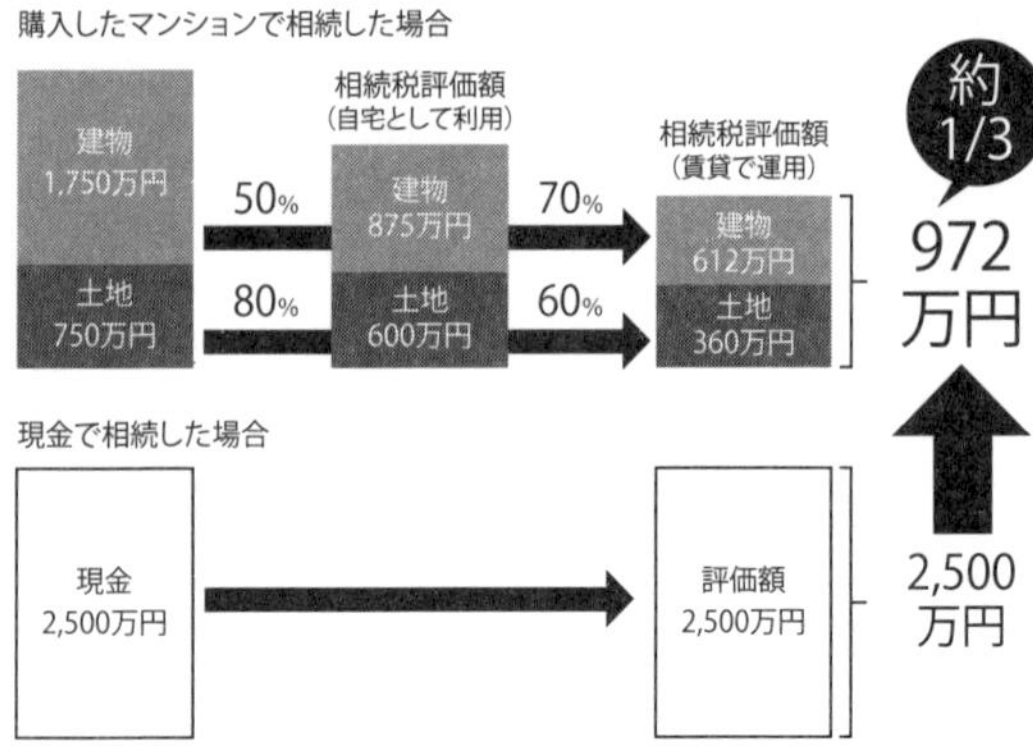

［11］2,500万円を現金で相続した場合と、マンションを相続した場合の相続税の差

価額は、建物部分は50パーセント前後、土地部分は公示価格の約80パーセントで評価されます。また、建物を所有して第三者に貸している場合は、建物部分の評価額はさらに約30パーセント控除されます。

そのうえ、２００平方メートル以下の部屋である場合は、小規模宅等の特例が適用され、さらに評価額が50パーセントに評価されます。結果として、ワンルームマンションの相続財産としての評価額は、現金や有価証券に比べると30パーセント以下のレベルになることが多いのです。

例えば現金で２５００万円が残った場合は評価額２５００万円ですが、建物１７５０万円、土地７５０万円の場合は、不動産評価額は建物８７５万円（50パーセント）、土地６００万円

（80パーセント）、さらに投資用不動産評価額として建物６１２万円（70パーセント）、土地３６０万円（60パーセント）となり、合計課税対象額は９７２万円となります。現金２５００万円に対して３分の１程度になりますね（図［11］）。

メリット４　所得税・住民税を還付・減税できる

本章冒頭のワンルームマンション投資シミュレーションのなかでも説明しているように、購入してからしばらくの間、所得税を節約できるのもメリットです。減価償却費、ローン返済にともなう利息の一部、管理費、雑費、初年度に限っては購入時の諸経費が、すべて経費として計上できます。その分を年間所得から差し引くことができるため、所得税を低く抑えることができます（次ページの図［12］）。

これは税法に則った計算方法ですから、節税というのは少しおかしいかもしれませんが、他の投資対象ではこうはいきません。図［12］に見るように、当面は所得税を安くすることができます。ただし帳簿上で不動産収支が赤字になっている間だけのことですから、黒字になった時には当然ながら所得税がかかることにはなります。建物の減価償却費や住宅

家賃収入	8万円	年間 96万円
経費	減価償却費	50万円
	ローン利息	45万円
	管理費等	15万円
	購入時諸費用（初年度のみ）	70万円
	雑費	30万円
不動産所得		▲114万円

給与	800万円	▶	所得税	42万円
給与所得控除	▲200万円		住民税	42万円
所得控除	▲180万円			
課税所得	420万円		A合計	84万円

課税所得	420万円	▶	所得税	22.5万円
不動産所得	▲114万円		住民税	31.9万円
ローン利息	13.5万円			
課税所得	319.5万円		B合計	54.4万円

A－B 節税額 29.6万円

［12］マンション購入初年度の所得税節税例

設備の減価償却費は年々小さくなりますし、ローン返済の利息も次第に低くなっていきますから、いずれ節税効果がなくなっていくことには注意が必要です。

メリット5　インフレ・デフレの影響を受けにくい

メリットの最後は、マンション賃料はインフレやデフレの影響を受けにくいことです。

世の中の経済情勢が大きく変化すると、不動産価格も同様に上下しますが、賃料は比較的影響を受けにくく、長期的に安定しています。これは前述しているとおりですが、少し詳しく言えば、インフレの時には賃料は緩やかに上昇傾向になり、デフレの時にはほぼ横ばい傾向になっています。

次ページの図［13］は賃料の推移を示すグラフですが、バブル崩壊以前は経済成長が続いていましたから、インフレ傾向がありました。賃料は右肩上がりに上昇しています。バブル崩壊後の１９９０年代後半ではほぼ横ばい、若干の低下傾向が見られる程度で、大きな変動はありませんでした。

現在、政府は経済をインフレに誘導していますから、当面は賃料がわずかではあっても

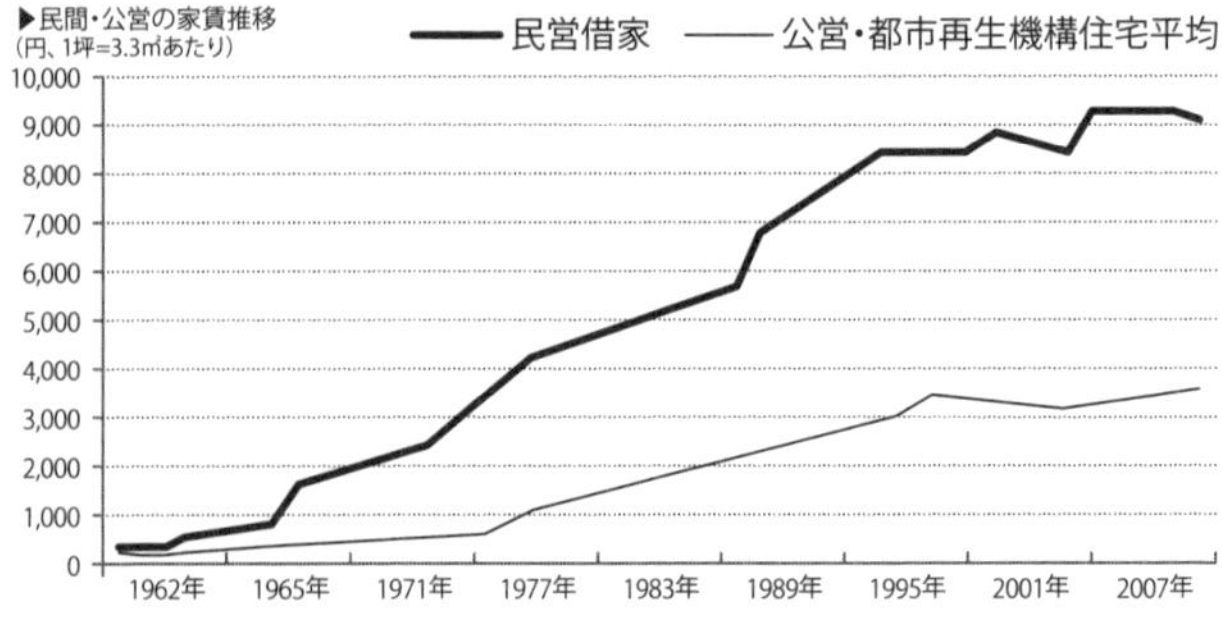

［13］長期の民間および公営住宅の家賃推移

上昇傾向になると考えてよいでしょう。

以上のようなメリットを考えると、超低金利で不動産ローンを利用でき、賃料が継続的に上昇傾向にある今は、不動産投資に絶好のタイミングと言ってよいと思います。

これまで不動産投資のご経験のない方は、そうは言っても失敗例もよく聞くし、本当にリスクが少ないのかと、疑問をお持ちのことと思います。次によくある疑問に対して、重要なポイントをお伝えしていきます。

これらのポイントは、ある意味で「デメリット」あるいはリスクと考えることもできるでしょう。合わせてワンルームマンション投資で失敗するケースの特徴についてもお伝えしたいと思います。

疑問１　自己資金がないとそもそも購入できないのでは？

自己資金が潤沢にある状態でマンション投資をされる方はあまりおられません。ほとんどは銀行の投資用ローンを活用されています。そもそも日本の平均所得は２０１７年の場合で１世帯あたり５５１万６０００円、中央値で４２３万円です。いわば２人に１人は４００万円以下の所得と言ってよいでしょう。それでもワンルームマンション投資には、金融機関が融資してくれます。例えば、たくさんの部屋を貸せるアパート投資の場合だと、年収条件は少なくとも８００万円以上になってしまいますが、ワンルームマンション投資なら、年収４００万円あれば始められます。

金融機関は所得や人物の信用度を参考にして融資判断を行いますが、投資用マンションについては物件の価値をより重視して融資判断をするのです。将来的に安定して収入が見込める物件であれば、簡単に融資が得られます。実際には金融機関と不動産デベロッパーの間に緊密な関係があり、価値のある物件を見分けて融資判断してくれるわけです。ですから、頭金がゼロでも購入することは可能です。購入時に諸経費がかかりますが、

２０００万円程度の物件なら80万円程度の現金があれば、問題ありません。借入金の金利は現在は2パーセントを切る場合がありますから、以前に比べて非常に返済がラクになっています。

ただし完全に物件だけが融資判断の材料になるわけではありません。金融機関により基準に違いはありますが、だいたい25歳以上で年収５００万円以上、勤続3年以上、健康状態が良好であれば、融資を検討してもらえます。もちろん借入が多かったり、クレジットカード等の信用情報が悪かったり、健康状態に異常がある場合は厳しくなります。高年齢の方でも、50代の方なら、融資年数が短くなってしまいますが融資してもらえる可能性は高いでしょう。ただし、60代以上は、基本的に十分な資産がないと難しいかもしれません。自己資金で物件価格の50パーセント相当を出せるようなら、検討の余地はあると思います。

ちなみに弊社では「25歳以上」であり「年収５００万円以上」の方、「上場企業またはそれに準ずる企業にお勤めの方」に投資をお勧めしています。投資はリスクがゼロではありませんから、ある程度収入や生活が安定していて、リスクを吸収できるような方でなければお勧めはしていません。

このような条件を備えた方であれば、フルローンが使えます。つまり家賃収入で毎月の返済が済む形にすることができます。もっともマンション運営にかかる支出は借入金返済だけではありませんから、毎月1万円程度の支出（赤字）が生じる場合もあります。でも、長期的に考えればそれでも得なのです。もしご自分で住む前提で購入されたのなら、毎月1万円でマンションが手に入ることになりますね。35年毎月1万円を支出していれば合計420万円、その時点でマンションの価格が500万円くらいになっていれば元本割れしないことになります。売却しなくても、入居希望者がいれば家賃収入が入ります。

とはいえ、できれば黒字経営していきたいし、投資効果を実感したいものですね。それにはやはり自己資金があったほうが、借入金を少なくできて毎月のキャッシュフローが生まれます。

ただし投資対効果という意味でいえば、借入金を多くしたほうがいいのです。例えば2000万円のマンションを100パーセント自己資金で買った場合に収益が100万円あれば100万円がまるまる手に入りますが、投資利回り（収益を自己資金で割った数字）でみると5パーセントになっています。ところが、200万円を頭金にして残りを金利3パーセントのローンにした場合、同じ投資収益100万円だと支払い金利が54万円になり、手元には46万円しか残りません。しかし投資利回りは23パーセントになっています

	自己資金で購入した場合	ローンを組んだ場合
投資額（物件価格）	2,000万円	2,000万円
自己資金	2,000万円	200万円
住宅ローン	0万円	1,800万円
投資収益	100万円	100万円
支払金利	0万円	54万円
手取収益	100万円	46万円
投資利回り（収益/自己資金）	5%	23%

レバレッジ効果が高い!

［14］長期の民間および公営住宅の家賃推移

（表［14］）。

自己資金との対比で言えば4倍超の収益が得られるということです。これを「レバレッジ効果」と言っています。

この効果を十分に活用できるのが、ワンルームマンション投資の特徴です。他の投資対象と異なり、少額資金で資産形成ができるところに注目してください。

この特徴を生かして、次々にワンルームマンションを購入されるお客さまもたいへん多く、収入増や万一の場合のリスクヘッジとして活用されています。

疑問2　よい物件を見分けるポイントは？

よい物件とは、利回りがよく、賃借用にした場合に入居者がとぎれない物件のことです。これらに優れた物件はたいへん希少です。たくさんの物件のなかから、比較的よさそうなものを選ぶことが肝心です。

まず利回りが一番の選択ポイントになります。利回りとは投資額に対する収益のパーセンテージのことを指します。しかし「投資額」のなかにどのような項目を含むかによって「表面利回り」と「実質利回り」の2つがあります。表面利回りは、年間の家賃収入の合計を、物件取得時の価格で割ったパーセンテージです。単に「利回り」と言えば表面利回りのことを言っていると思ってください。「この物件の利回りは4パーセントです」という場合、2000万円の物件であれば、年間80万円の家賃収入が期待できるという意味です。

一方の実質利回りは、年間の家賃収入の合計から管理費や税金などの諸経費を差し引き、物件取得時の価格と購入の際の諸経費を足した金額で割ったパーセンテージです。ですから、同じ物件でもこちらの数字は表面利回りよりもだいぶ低くなります。実質利回りは実際には常に変動しますから、不動産業界ではまず表面利回りで物件評価をします。そこで候補を絞り込み、実質利回りを算出します。こうすると実際にどれだけの手取り収益があるのかがわかります。まずは表面利回りで投資対象になるかどうかを考え、次に実質利回りを正確に計算して、適切な収益が得られるかどうかを判断します。必ず最後は実質利回りをベースに考えることが重要です。

次のポイントは、入居者がとぎれないかです。その物件に住みたいと思ってもらえるかどうかと、一度そこに住んだ人が早期に出ていくようなことがないかどうか、空き室リスクを評価することが大事です。

この時重要になるのは対象地域の人口と、供給住戸の戸数です。特にワンルームマンションの場合は単身者の人口が重要です。日本で最も人口が集中しているのは東京です。平成27年の国勢調査概要によると東京都の総人口は約１３５２万人で、平成22年から約35万６０００人増えています。そのうち単身世帯は約３１６万５０００世帯で、47・39パーセントを占めています。これに対して、ワンルームマンションの供給戸数は１９８８年からの総計で約15万８５００戸に過ぎません。しかも、東京23区ではワンルームマンションの住戸占有面積や戸数などの制約（ワンルームマンション条例による規制）がかけられ、ワンルームマンションの建設が難しくなって、新規の供給は減少傾向になっています。

つまり入居を求める人は多いのに、供給されている戸数が少ないという状態です。供給より需要が大きいのですから、賃料は上昇傾向になりますし、空室となってもすぐに次の入居者が見つかりやすいのが東京圏の物件の特徴です。だからこそ、弊社では東京圏でのワンルームマンション投資をお勧めしています。ただ、供給数が少ないので、投資に最適な物件を探すのには、一般的には苦労が大きいのが難点です。その部分も含めて弊社がお引き受けし、お客さまと弊社と、外部の不動産会社などとのネットワークを活用して、投資希望の方の資産形成に最もふさわしいものを推薦するようにしています。

疑問3　入居者がいなくなるリスクへの対策は？

東京圏のワンルームマンションではあまり空室リスクを気にすることはないのですが、さまざまな理由で入居者がなかなか見つからないことはありえます。

これに対しては、まずは入居者のニーズに沿った、住みたい物件を選ぶことが第一の対策になるでしょう。例えば、人気のエリアである、外観や内装がスタイリッシュである、交通の便がいい、住環境が整備されている、大型商業施設などが近くにある、住宅設備がおしゃれで便利である、などの単身者のニーズに応える要素を備えているマンションなら、空室リスクが低くなります。

また家賃の設定が適切かどうかも考慮する必要があります。近隣や似た条件のエリアの物件とあまりに金額の差がありすぎると、どうしても入居希望者が少なくなります。なお、現在は弊社をはじめ多くの不動産業者がサブリースサービスを提供しています。これは空室であるかないかに限らず、不動産会社がその部屋を借り上げて、毎月一定額をお支払いするサービスです。不動産会社が入居者に又貸しして、家賃をいただき、オーナーに戻すのが基本ですが、万一空室になっても一定額の家賃は不動産会社の負担により必ずお受け取りいただけます。

疑問4　建物の劣化や老朽化により価値が低下しないか?

どのような建物でも時間の経過とともに劣化が進行します。マンションの場合は定期的な修繕・メンテナンスにより劣化を防止するのが普通です。修繕積立金や管理費の一部はそのために使われています。それでも老朽化のスピードを抑えることしかできませんから、資産価値は徐々に低下していきます。ただ、それは建物だけのこと、区分所有する土地についての資産価値が目減りすることはありません。また、そもそもの立地環境や利便性、デザイン性などが優れている物件であれば、入居希望者は継続的に現れます。そこに住みたいと思わせる要素があるかないかが、重要なポイントになります。

ちなみに、税務上でのマンションの法定耐用年数は47年と定められています。鉄筋コンクリートが劣化して建物強度が落ちるまでの理論年数は90年といわれますから、本当に危険なほどに老朽化するまでにはかなりの時間があります。むしろ見た目の印象が古くなることが、資産価値の低下につながっています。これは修繕・メンテナンスによってカバーできることですから、管理が行き届いたマンションほど資産価値の低下が少ないことになります。

疑問５　住宅ローンの金利が上昇した場合の対策は？

変動金利のローンを利用した場合、金利が上昇すると返済額が増加していきますから、家賃を上げなければ収入が減ることになります。しかし家賃の改定は、空室を生むリスクもあります。何も手を打たなければ赤字になりますから、固定金利のローンへの切り替えや、可能なら繰り上げ返済を行って、毎月の支払額を抑えたり、ローン期間を短くすることが一般的に行われます。とはいえ、金利が上昇するのは景気がよくなり、インフレ傾向にある場合です。前述したように、インフレ傾向であれば賃料はこれまでも緩やかに上昇してきました。今後も同様に、物価と連動する範囲内で賃料の値上げを行うことは、入居者の理解が得られると考えられます。

疑問6　地震や災害にあった場合にはどうなる?

地震などの自然災害だけは、事前に回避できない大きなリスクです。まずは任意の地震保険に加入し、損害が補填されるようにしておくことをお勧めします。ただし、1981年の新耐震基準に則って建てられた鉄筋コンクリート造のマンションは、阪神淡路大震災クラスの地震に耐えられるようにできています。なかでもワンルームタイプのマンションは壁が多いことから、ファミリータイプのマンションよりも耐震性が高いと言われています。耐震・免震設備の技術は年々進んでいますから、より新しい物件を選ぶことがリスク回避につながります。

疑問７　家賃が滞納された場合の対策

入居者が家賃を支払ってくれないケースが時々報道されています。この滞納リスクに対しては、何よりも早めに手を打つことが大切です。家賃の入金が確認できない場合は、すぐに入居者に督促を行い、それでも入金がなければ連帯保証人に連絡します。それでもうまくいかない場合は法的手段をとることも考えなければなりませんが、オーナーにとってはたいへん手間がかかり、神経をすり減らすような交渉になってしまうことがあります。

これについては、不動産会社などが提供している集金代行サービスを利用するのが最もよいでしょう。第三者の立場で法的な知識を駆使した交渉により、早期の入金や、場合によっては退去も含めて、オーナーが望むような方向での対応を代行してくれます。前述したサブリースを利用するのも一つの方法です。また、その他のトラブル解決なども含めて管理業務全体をアウトソーシングできるサービスもありますので、必要に応じて活用することがリスク回避策になります。

以上、ワンルームマンション投資のメリットと、よく尋ねられる疑問点について説明しました。ワンルームマンション投資は、始めるのが簡単で、決して大きく儲けられるものではないけれど、老後の不安を軽減するために安心して資金を運用できる方法であることがおわかりいただけたのではないかと思います。

ただ、マンション購入にも、その後のリスク回避にも、さまざまな専門的な知識が必要で、手間がかかることにも気づいていただけたのではないかと思います。ご自分だけでできるだろうかと不安に思われる方のために、弊社のような不動産会社があります。

次の章からは、弊社がどのようにお客さまの不動産投資をサポートしているのかを、お客さま事例を含めてお伝えしていきます。

第3章　不動産投資パートナー選定の勘どころ

ワンルームマンション投資のリスクを最小にするパートナー選び

ここまでの章でワンルームマンション投資のあらましはご理解いただけたのではないかと思います。簡単に始められて安心・堅実な資産形成ができることがわかると同時に、物件選び・購入手続き・ローン申し込み・運用・管理・保守・修繕・トラブル対応・各種相談などにはたいへん多くの労力が必要なことにもお気づきなのではないかと思います。不動産取引のプロフェッショナルを目指す人なら別ですが、一般的には会社勤めをされながら、空いた時間を不動産投資や購入した不動産運営のためにあてているのが普通です。ですから不動産会社の情報ネットワークや専門的ノウハウを借りて、投資を実行するのが一般的です。その時に、どの不動産会社を選ぶかはたいへん重要なポイントで、パートナーのよしあしが投資の成否を分けるといってても過言ではありません。

儲からないのは投資パートナー選びが間違っている

例えば、ネットでワンルーム投資について検索すると、「儲からない」「失敗する」などとネガティブなコンテンツが大量に出てきます。それらの情報をよく見ると、どうやら不動産投資パートナー選びに失敗していると思われるケースがほとんどです。例えば、「新築マンションを購入したらすぐに値下がりしてしまった」というケースは、そもそも本来の価値以上の価格設定を故意にしていたのではないかと疑われます。「サブリース契約をしていたのに、家賃の値下げを迫られる」というケースは、借り上げの契約が不動産会社側に有利なように作成されているのではないかと思います。また「儲からない」という場合は転売を勧めていたり、過度な収益を期待させていたり、不適切な投資対象物件を勧めていたりと、不動産会社側の仲介手数料目当てのさまざまな思惑を優先した営業が原因なのではないかと思うふしもあります。

ワンルームマンションは儲からない説はウソ

しかし弊社の経験では、実際に多くの会社員の方が少額の自己資金でワンルームマンション投資を始めて順調に資産を形成されておられます。そのほとんどの方が投資の結果に満足しておられ、次の投資のためのご相談を受けることもたいへん多いのです。ワンルームマンションが投資対象として他のものよりも劣るという指摘は、まったく的外れだと思います。それはただ、相談する相手を間違っただけなのです。前章後半で紹介したように、マンション経営にはいくつかの落とし穴があります。その落とし穴にはまらないようにするには、一にも二にもパートナー選びが重要です。

物件ありきでなくお客さまの人生をサポートするパートナーに

営業成績優先で無理な営業を行う不動産会社が一部とはいえ存在しており、不動産投資へのネガティブイメージを増幅してしまっていることは事実です。これには理由があり、投資対象として不適切な物件を抱えてしまうとどうしても早く売りさばかなければなりませんから、時には説明が不十分なまま契約を迫る強引な手法に走ってしまうことがあるのです。特に東京など大都市圏では需要が多い割に優良な物件の供給数が少ないために、優良物件の仕入れができなくなっている事情もあるのでしょう。

とはいえ、弊社が事業の中心にしている東京圏の優良物件は、増加率は鈍ったとはいえ確実に増えています。それを見つけて仕入れるための努力を本当にしているかどうかや、情報ネットワークを持っているかどうか、そして投資対象としての物件を選ぶための適切な評価・判断基準を確立しているかどうかが、お客さまの満足度を上下させているのだと思います。

不動産会社とは1回限りで終わる関係ではない

　またもう一つ大事なことは事業理念の違いです。不動産会社は従来から、取引の販売利益を目的とした事業を展開してきました。同じお客さまの不動産取引がリピートされる頻度はたいへん低く、どうしてもその場限りで売上を立てることに集中してしまいがちです。新規顧客を開拓するために、いわゆる「アポ電」を繰り返してうるさがられることもあります。商談に入っても、そもそも物件ありきでの話になってしまって、お客さまの気持ちや考えを特定物件に寄せていくための説得をしたりします。そうした説得に押し切られて購入すると、本当にお客さまが求めているものとは違った結果になることが多くなるのは当然です。

　私自身もトラスティーパートナーズ起業前は、一般的な不動産会社で営業部長として仕事をしていましたから、不動産業界の古い営業手法もよく知っています。私はその会社ではトップセールスでしたが、私の成約率が高かったのは、無理に売上を立てるのではなく、お客さまの話をよく聞き、ご本人やご家族の方々の将来の展望を頭のなかに描いてから、ご希望や将来計画に適切な物件を探してご検討いただくようにしていたからではないかと思っています。現在のトラスティーパートナーズでは、前述したように、アポ電をはじめ、プッシュ型の営業は一切しないようにしました。お客さまとの最初のコンタクトはほとんどがご紹介や口コミです。現在ではインターネットなどでＰＲ活動を強化していますから、ネットの窓口が接点になることも多くなりましたが、基本はお客さまとの信頼関係を築くことに置き、お客さまの人生設計を一緒に考えて、将来の生活防衛や豊かな生活のために、不動産投資をどう生かせるかをお客さまに寄り添いながら検討していきます。物件ありきではなく、お客さまありきのコンサルティングを行っております。

煩わしいことはすべて代行できるサービスを提供

ですから物件を売ってしまえば終わりではありません。弊社では、投資相談から始まり、資金計画、金融機関のご紹介、ローン審査サポート、売買契約、融資契約、お引渡しといった購入プロセスだけにとどまるのではなく、物件購入後の運営管理業務を弊社側が引き受けられるように、サポート体制を整備してきました。現在では、例えば入居者募集、退室管理、家賃等集金、未集金督促、契約更新、入居者管理、リフォームサポートなど、お客さまにとって煩わしい作業をすべて代行またはご支援できるようになりました。サブリース契約により、たとえ空室が出ても家賃収入が保証されるサービスも実施しています。

このようなアフターサポートを充実させたことにより、弊社のお客さまの満足度は段違いに高まったと思っています。それはお客さまが新しいお客さまをご紹介してくださることや、不動産物件のリピート購入率が高いことに表れています。お客さまのなかには数十戸のワンルームマンションを弊社を介して購入し、運営されている方もおられますし、ワンルームマンションを運営しながらアパートの運営にも乗り出された方もおられます。繰り返し弊社をご利用いただいていることは、ご満足いただいている証だと考えています。

人と人との関係性のなかでこそ得られる貴重情報

また、弊社のお客さまの間の交流も盛んです。弊社では例えば不動産投資に関する勉強会、マンション経営セミナー、確定申告サポートセミナー、お客さま感謝祭など各種のイベントを頻繁に開催しています。不動産投資を実践しておられる方、興味をお持ちの方、また資産運用のプロフェッショナルの方など、さまざまなお客さまがイベントで知り合い、気軽に情報交換をされています。そのなかには所有物件を売りたい方もおられますし、有利な条件の物件情報をお持ちの方もおられます。重要な情報、貴重な情報は、信頼関係のある個人間でやり取りされることが多く、そうした情報の信頼度は、一般的なメディア経由の情報よりもはるかに高いのが特徴です。こうした人と人とのネットワークを大切にし、発展させることが、有用な情報収集のためには不可欠だと思います。業界の一般的な情報ネットワークに加えてこうしたお客さまのネットワークをつくり上げたことが、弊社の大きな強みになりました。

先に述べたように、マンション経営に重要なのは、立地・環境・利便性などが優れた物件を見つけられるかどうかです。個人でいくら不動産投資の勉強をしていても、最新の、しかもプレミアムな情報は人と人との関係性のなかからしか出てきません。だからこそ、弊社はお客さまとの関係の構築と深化を重視しているのです。その結果として、優良投資物件を仕入れて、そのなかからお客さまに最適なものを選び出すことができるようになったと考えています。

かなり手前味噌な話になってしまいましたが、弊社の事業は、かつての不動産業界の悪いイメージを払拭することに一役買っていると自負しています。とはいえ肝心なのはお客さまの評価です。次のセクションでは、弊社を通じて不動産投資を展開しておられる８名の方に、不動産投資の動機や、パートナーとして弊社を選んでいただいた理由などをお話いただきました。第三者をインタビュアーにしてヒアリングした、個人投資家のナマの声です。参考になる部分が多いと思います。

マンション投資体験を語る❶

仕事に対する想いを共有できるパートナーとの出会い

ご経歴と現在のお仕事について教えてください

複数のグローバルメジャーなデータ活用・分析専門会社でセールスエンジニアおよびディレクターとして経験を積み、2018年から経営情報を可視化するBIソフトウェアを主軸とした経営管理ソリューション会社（外資系）で社長を務めています。経験的に日本の会社は、リスクを過剰に恐れて成長にブレーキをかけてしまう傾向が強い。適切なリスクを受け入れる判断ができず、他社に後れをとるのは残念なことです。その判断材料を適切に提供できる仕組みを提供し、データに基づく経営管理を支援するのが私と弊社の役割です。

リスク分析にも詳しい篠原さんが不動産投資に乗り出したきっかけは？

資産運用には以前から関心があり、株式投資などもしていますが、不動産は数十年後の価値を予測できる手堅い投資対象である点で他の投資対象とは違います。また会社の信用で融資が得られるのは不動産投資の特徴であり、会社員だからこそ得られるメリットです。しかも節税対策にもなり、生命保険がわりの役割も担ってくれます。ある程度の信用力がある会社の社員なら簡単に始められ、他の投資対象に比べて非常にリスクは少ない。そこで２０１３年頃から複数の不動産業者の方とコンタクトを始め、その時に関野社長とご縁を持ちました。

関野社長と他の業者の営業との違いは、こちらからボールを投げると、それをしっかりと受け止めて返してくれる、しかも売り手側の論理ではなく、買い手側の立場で誠実に議論してくれるところです。親しく話す機会が増えるなかで、やがて関野社長のビジネスに対する考え方が自分と同じだと感じるようになりました。

篠原 史信さん（45歳）
外資系経営管理ソリューション会社取締役社長
ワンルーム５戸経営

共通していた仕事観とはどういう部分ですか？

私が仕事の上で大切にしていることは三つあります。一つは他人に真摯に向き合うこと。人に良かれと思ってしたことは必ず自分に返ってくる。逆に人を無下に扱うと同じように誰かに無下に扱われる。いつでも真摯に、丁寧に人に対応しなければいけない。2つめは、「迷ったらやる」こと。何かをやる時の意思決定はリスクをどこまで許容できるかの判断によりますが、微妙な判断になって決めきれなければやってみてから考える。そして三つめは「相手のスタンスで判断する」こと。こちらが良かれと思って提案することが、相手に伝わらないのは伝え方が悪いから。売り手側として言いにくいことでもしっかりお伝えして、相手のスタンスで自分を査定してもらい、納得してもらえたら成約につながり、両者がともに得をする。そんな私の仕事観が、関野社長と共通していました。

不動産投資の商談で決め手になったポイントは？

顧客サポートの細やかさと、情報の質と量です。例えば「かぼちゃの馬車」事件が明るみに出る前から、関野社長はシェアハウス経営などのリスクについてはっきりと説明してくれ、勧められても止めたほうがいいと忠告してくれました。他の業者はそれとは逆でした。このことも含め、本当に売る気があるのかと疑心暗鬼になるくらい、業界の良いところも悪いところも含めて全部教えてくれました。だからこそ不安なく、関野社長の勧める案件に投資できたのです。

現在の保有物件の経営状況はいかがですか？

現在はトラスティーパートナーズ経由で購入した物件と他業者から購入した物件を合わせて5戸を経営しています。他業者経由で買った物件も、管理はトラスティーパートナーズにお任せしています。メンテナンスや一般的な管理業務を全部同社にお任せできるのはもちろん、税理士による確定申告書作成を含めた税金対応もサポートしてもらえるので、こちらの負担はまったくありません。今後も都心のワンルーム投資、あるいはアパートなどの一棟経営にも手を広げてみたいと思っています。さらに将来的には繰上げ返済の仕方や再投資の方法、投資の出口戦略についても関野社長と相談させてもらおうと考えています。

マンション投資体験を語る❷

信頼できる業者だと見極めるのに半年、後はお任せ

ご経歴と現在のお仕事について教えてください

大学、大学院と流体力学を研究してきましたが、エンジニアになるより実業界に挑戦したいと考え、研究分野と関連した血流の知見が役立つ、米国の人工心臓（ペースメーカー）会社の日本法人に勤めました。国内のこの業界は今後、高齢化により患者数が増える一方で医療費は政策的に抑制されるため、利益率が下がります。そのなかでいかに質を高めて戦略的な事業展開ができるかが課題です。営業を主体に仕事をしてきましたが、近年は戦略立案のほうに軸足を置いています。

営業統括というお立場から、不動産営業を見るといかがですか?

営業の仕事に大事なことは、「話し方のスキル」「モチベーション」「仕事に対する姿勢」だと思っています。この3つが優れている営業マンは信頼できます。よい営業

マンは、どんな質問をしてくるか、その質問が的を射ているかでわかります。また面談の回数が適切かどうかも判断の材料です。無意味な訪問を重ねて、的確な質問ができない営業マンでは相手が対応に困ります。

会社勤めをしていると、不動産業者からの電話はたくさんあります。そうした営業はどうしてもうさんくさい。しかし、共通の知人を介して知り合ったトラスティーパートナーズからのお話では、不動産投資のロジックを詳細に教えてもらえました。その時、大きな借金を背負うことになる反面、実際には会社勤めの間はほとんど金銭的な負担がなく、逆に節税効果や生命保険のようなメリットもあることに気づきました。

そこで関野社長と相談する機会を設けたのですが、実はその時点でも半信半疑だったのです。それから半年くらい、関野社長という人間を探っていました。人からモ

柳 健太郎さん（43歳）
外資系医療機器メーカー営業統括部長
ワンルーム７戸経営

ノを買う時の決め手になるのは営業担当者の質です。トラスティーパートナーズの代表であり、トップ営業でもある関野社長の人間性を、食事をしながらの会話で探っていきました。

マンション購入に至った理由は何でしたか？

関野社長は当然ながら不動産投資に詳しいのですが、税金の話、保険の話、投資全般の話、投資とは関係のないビジネスの話も聞けば即座に適切に答えが返ってくるし、必要のない訪問・面談はしようとしない。こちらの立場や考えを適切な質問で理解しようとしてくれる。半年間、そんなやりとりを積み重ねて、信頼できる相手だと納得しました。今では不動産投資でのお付き合いだけでなく、何か別の面でも交流ができれば幸いと思っています。むしろ人生のマネジメントをお願いしたいと思うくらいです。

不動産投資に関しては、私は大きな収益を得ることではなく、節税効果と、団体信用保険による生命保険がわりのリスク対策を目的にしていました。社会情勢がどう変わっても、都内ワンルームなら需要は最後まで残り、私に万一のことがあっても家族に資産が残せることを確信できたのが、投資決定の理由です。
また業者選びの決め手になったのは、紹介物件数が豊富であることと、家賃保証サービスをつけた時のトータルの金額です。また会社の規模や成長率も考慮に入れ、十分なリスクヘッジが可能で、月々の負担が許容範囲内で他社より軽いと判断できました。あとは物件選びですが、関野さんなら何でも任せられると、物件も見ずに２５００万円ほどの都内ワンルーム購入を決めました。

その後の経営状況はいかがですか？

フルローン、家賃保証型のサブリース契約にしたので、こちら側の負担は何もありません。その後、1年に2戸、3戸と買い増して、現在7戸を経営しています。借金は1億3000万円以上ありますが、その9割近くはそこに住む入居者の賃料で払える計算です。節税面では、1年に納得のできる減税効果を上げられています。減価償却が進むと節税効果が限定的になりますが、売却や再投資を視野に入れて運用したいと思っています。

マンション投資体験を語る❸

投資をきっかけに異業種の方との交流も広がる

現在のお仕事について教えてください

弊社はコアとなるネットワークインフラ事業に加え、ＡＩやＩｏＴなどの新規事業を幅広く展開しています。多様な事業分野を技術軸で横串を通して統括管理しているのが私の部門です。成長のためには新規事業の展開が不可欠だという認識のもと、一昨年から徹底した業務改革を行っており、限られたリソースでいかにパフォーマンスを最大化するかという課題に取り組んでいます。ルーチンワークを自動化してスタッフの負担を減らし、残業をなくし、余裕時間で新規事業創出のために時間が割けるような環境づくりを推進しているところです。

不動産投資を始めたきっかけは？

以前は「不動産」にも「投資」にも悪いイメージを持っていました。当面の生活に不安はなく、リスクの高い投資をする必要もないのであまり関心はありませんでしたが、40代半ばという年齢になってみると、退職後の家族の生活を考えなければなりません。貯金には利息がほとんどつきませんし、株式などの先の見えにくい投資には大きなリスクがあります。真剣に考えると、不動産投資はリスクが少なく、私に何かあった時には家族が生活費を得ることができる利点があります。そう漠然と考えていた昨年のことですが、会社のイベントで景品抽選会兼不動産投資説明会が行われるという広報があり、参加を申し込みました。その会には都合で欠席しましたが、後日、不動産投資説明会を担当していたトラスティーパートナーズから連絡があり、営業担当の方と関野社長と初めてお会いしました。

　関野社長には私の不動産投資に対する不安や疑問をリストアップして渡し、すべてに納得できれば投資を考えてみると言いました。

山中 英明さん（45歳）
大手通信事業会社　技術管理本部
業務推進統括部統括部長
ワンルーム６戸経営

リスクは少ないとはいえ、不良物件や空室リスクなど心配の種は多いのです。関野社長はすべてに細かく回答してくれました。オーナーに毎月いくら入り、いくら出ていくのか、各種保険に比較してどちらが有利なのか、全体としてリスクとリターンはどんなバランスなのか。関野社長はよいことばかり並べるのではなく、丁寧に誠実に、すべて数字で計算して答えてくれました。トラスティーパートナーズがどう利益を得るのかと、客側にどんなメリットとリスクがあるかを合わせて説明してくれたのです。もし気になることがあれば投資を止めようというスタンスで、不動産投資の仕組みや仕方も教えてくれました。果てには、万が一トラスティーパートナーズが倒産しても管理は他の業者がすぐ現れて引き継ぐから安心だとまで言うのです。そうした説明を通して、関野社長なら任せられる、ウィンウィンの関係をつくれそうだと信じるに至りました。

業者選びの決め手になったのは？

関野社長との信頼関係です。人柄や仕事への姿勢の他、さまざまな業界のマネジメント層の人脈を持っておられることにも感服しています。仕事上で私が常にコミュニケーションできるのは通信業界の人に限られ、交流範囲はかなり狭いのです。そこで関野社長にいろいろな業種の方とコミュニケーションしたいと言ったら、関野社長の顧客人脈を活用して、飲み会も含めていろいろな出会いの機会をつくってくれました。そのたびに何人かと知り合えましたが、だいたい同年代の同じような管理職、しかし業種は違い、異なる知見・経験を積んだ人ばかりを選んでくれているようです。そんな異業種の方々との出会いを通じて得た情報を、弊社の事業や業務に落とし込んで考えてみると、これまでにない新しいやり方が見えてきます。新規事業創出へのヒントにもなると感じています。

それと、関野社長の若さですね。いま50代の方が営業担当者だと、私が退職する頃には引退されているかもしれません。関野社長は私よりずっと若い。しかも人を動かす情熱を常に持たれていて、社員の皆さんも教育がゆき届いていて士気が高い。これからの成長が期待できる会社だと思っています。会社が成長基調にあるところが、一番心強いですね。

マンション投資体験を語る❹

信頼できる友人が購入していたことが背中を押した

ご経歴と現在のお仕事について教えてください

人材サービス分野の2社で経験を積んだ後、現在の会社でアジアの優れた人材を対象にした人材紹介ビジネスを担当しています。一部上場のメーカーや金融会社などが主なお客さまで、将来海外の成長市場でマネジメントができる人材を獲得することを主目的にした求人対応、キャリアコンサルティング、候補者のサーチや選定などの業務を行っています。

不動産投資を始めたきっかけは？

仕事柄、不動産業界で特に転職ケースが多いことは知っています。その要因の一つが、営業スタイルのずさんな会社が多いことだと感じていました。一方では、不動産投資で得られる利回りには興味を持っていました。投資を始めるきっかけになったのは、プライベートに信頼している友人がトラスティーパートナーズを通してワンルームマンション投資をしていたことです。彼は一攫千金を狙うタイプではなく、堅実・実直な人間です。彼が決めたことならリスクは織り込み済みのはずで、間違いはないと思いました。また聞いてみると、私の周りにも数人がトラスティーパートナーズからワンルームを購入していました。

それでも営業スタイルには懸念がありました。関野社長に実際にお会いした時も、最初はうさんくさいと思っていましたよ(笑)。でも、質問したことにはきちんと答え、その場でわからないことは調べてすぐに回答してくれました。しかも、そのレスポンスのスピードが尋常でなく速い。その行動スピードは同じ営業職として見習わなければならないと思いました。また、情報の引き出しが非常に多く、投資後の結果がイメージできるよう

清水 宏樹さん（41歳）
人材サービス会社　キャリア事業部グローバル採用支援室副室長
ワンルーム２戸経営

に話してくれました。よい物件だから買ってくれと言うのではなく、投資のメリットとデメリットをそれぞれしっかりと説明してくれました。

　私の場合は不動産の保険としての役割を重視していましたので、それを伝えると、各種の保険を調べて比較し、ポートフォリオをつくって、最適な組み合わせを提案してくれました。不動産投資のことに限らず、何でも相談すれば回答を用意してくれるのです。その仕事ぶりと、交流を通してわかってきた関野社長の人間性に賭けて、2500万円程度の物件を1戸だけ購入することにしました。

　購入前には、月単位のコストシミュレーションをしてくれて、空室リスク、経年劣化リスクなどとともに、保険としての効用、税金対策としての効用についても納得できる説明をしてくれました。私の妻は経理の仕事をしているので、数字については細かいのですが、どうにか説得して購入しました。でも確定申告を済ませ、税金の還付があった時には、妻も評価してくれました。ふるさと納税よりも満足できる金額が戻ってきたのです。関野社長の言ったことに間違いはないと証明できたわけです。それ以来、多少は懸念を残していた私も、投資に関しては関野社長の提案に従うことにしました。その後、中古ワンルームを1戸、追加購入しています。どちらも家賃保証をつけているので、安心できます。

不動産投資を経験して変わったところはありますか？

家族を持つ身として、将来の不安が軽減されたことが大きいですね。いずれ家族に資産を残すことができます。また、関野社長との交流ができたことで、交際の幅が広がったことも重要な変化です。最近は関野社長がお客さま人脈を軸にして、人と人とのマッチングの場を頻繁に用意してくれています。7〜8人の集まりで、冗談で〝被害者の会〟なんて呼んでいますが、その場で親しくなった人とビジネスの話ができて、新しいビジネスチャンスが生まれています。

実は来年には独立・起業する計画を立てていて、外国人材マーケットで勝負しようとしています。外国人は国内で賃貸アパートの契約が難しい課題がありますが、例えば居住用アパートの1棟購入などでその壁を突破できないかと考えています。その時には、トラスティーパートナーズにも協力していただきたいですね。

マンション投資体験を語る❺

投資への基礎知識を教えてくれた初めての不動産投資

現在のお仕事について教えてください

インターネット広告事業のなかでも、特定の大口顧客の広告を担当しています。

不動産投資を始めたきっかけは?

32歳になる頃に、個人の資産形成に対して何も行動していないことに不安を覚えました。将来のことを考えると、今から何かをやらなければいけないと思ったのがきっかけです。まずは不動産投資からと思い、7〜8社の業者に声をかけました。仕事柄、コンペの経験は豊富です。不動産投資では、業者によって定量的に差が出ることはあまりありません。つまり物件の利回りなどの数字はどこで買ってもほとんど同じです。しかし定性的な部分では優劣が出ます。そのポイントは営業担当者がどんな人なのかです。

業者の担当者と話をしてみると、なかには不誠実な人もいます。例えば質問してもその意図をわざとずらした回答をして、業者側の思惑に沿った方向に話を誘導しようとすることがあります。もともと必ずしも不動産投資をしなければならない事情はなく、最初の面談で印象が悪ければやらないつもりでした。逆に信頼できる人、総合的にお付き合いすることにメリットがある人であれば、会社の歴史があるかないか、ベンチャーなのか老舗なのかとは関係なく、優秀だと思える人がついてくれるなら、投資をする価値があると思っていました。

中井 正登さん（35歳）
インターネット広告代理店　インターネット広告事業本部次世代ブランド戦略室営業局エグゼクティブアカウントディレクター
ワンルーム２戸経営

声がけした業者の1社がトラスティーパートナーズで、関野社長と直接会って話してみると、会話の軸はぶれないし、主語が自分でないことに気づきました。業者側の立場ではなく、こちら側の立場に立った話をしてくれました。

また的確にこちらの疑問点を理解して、やはり的確な回答をしてくれます。その場で回答できないものはいったん持ち帰り、必ずしっかりと答えてくれました。しかも、会話の内容が私の知的好奇心を刺激することが多く、この人と付き合っていれば自分が成長できるのではないかと思うようになりました。それに、不動産投資の初期費用には、もともとマージンが相応に組み込まれていますが、そのミニマムラインはわかっていましたから、提示された費用が適正なものかどうかは判断できます。その数字も信頼性の担保となりました。担当者が優秀で、信頼できれば問題はありません。

まずは川崎市のワンルーム1戸を購入し、約1年後に都内のワンルームを追加購入しました。どちらも2500万円から3000万円くらいの物件です。最初の購入前には5～6社と話をし、半年くらいをかけましたが、2件めは、トラスティーパートナーズさんの独自在庫なのでしょうか、一部顧客に優先的に紹介される限定公開物件で、こちらは即時に購入を決めました。このような物件紹介ができるのも、豊富な物件をそろえていればこそですし、その情報を得られるのは社長と直接コンタクトできるからだと思います。

不動産投資の結果は満足のいくものでしたか？

不動産はリスクが少ないかわりにリターンも少ない投資対象です。大きく儲からないけれど、地に足をつけてやっていく限り、負けることはありません。現在のところ金銭的に想定以上の結果が出ているのは節税効果ですね。サラリーマンでもこんな選択があったのかと思いました。

それよりもむしろ、不動産投資そのものや関野社長との交流を通して、投資全般に応用できる基礎知識が得られたことが重要です。不動産投資をきっかけに、現在では株式、為替、仮想通貨、デリバティブの一種などへと投資対象を拡大しています。加えて、関野社長を軸とした人脈ができてきたこともポイントです。自分や友人が何か困った時の相談相手ができましたし、またビジネスのお客さま候補を見つけることもできました。

これから不動産投資をする方には、営業の言うことを鵜呑みにせず、自分で情報を取って、嘘と真実を自分で吟味することと、人との関連で生まれるプラスアルファの要素も加えて業者を選ぶことをお勧めします。

マンション投資体験を語る❻

グレーな業界イメージをクリーンに刷新できる会社

ご経歴と現在のお仕事について教えてください

新卒で東証1部上場の広告会社に入社、西日本地区の広告事業を担当し、3年半後には営業責任者を務めました。2015年に動画を軸にしたマーケティング子会社を設立することが経営会議で決まり、もともと経営者になりたいと言ってきた私が社長として着任することになりました。お客さま企業の動画広告を、自社スタジオで制作し、配信し、効果を測定し、他のメディアよりもずっと短いPDCAサイクルを回していくのがコアの仕事です。視聴のトラッキングの他に視聴者が実際に商品を購入したいと思ったかを尋ねるアンケートによる効果計測も行っており、客観的な評価に基づいたマーケティングの最適化を常に実行しています。動画コンテンツを週に2〜3回つくり替えることもあります。私自身はインターネットとリアル空間を組み合わせる「IoTメディア」の創出や、タレントのセカンドキャリア支援サービスなどの新規事業創出に全力を投入しています。

お仕事と不動産経営の両立は大変ではないですか？

現在都内に２５００万円程度のワンルームを２戸保有していますが、どちらも管理サービスと家賃保証サービスをつけて経営していますから、不動産経営に関する負担はまったくありません。そもそもリスクは最初から考えていなかったし、リターンについても計算していませんでした。そんな状態でよく投資できたものだと呆れられるかもしれませんが、私としては、不動産に投資したのではなく、関野社長に投資したのだという感覚なのです。

もともと投資というものは資金が十分になければすべきでないし、小口でやっても意味がないと思っていて、興味は全然ありませ

中田 大樹さん（31歳）
動画メディアマーケティング企業
代表取締役社長
ワンルーム２戸経営

んでした。

それでも不動産営業の人からは、たくさんのアポ電や訪問がありましたよ。そもそも私のなかには金ピカアクセサリーとダブルスーツで夜の帝王みたいな「不動産屋」のステレオタイプ的イメージがありましたし、実際にお会いした人もちょっとグレーな感じの人ばかりでしたから、購入に至ることはありませんでした。

それなのに関野社長とはお付き合いをすることになりました。その理由は?

私がとても信頼している後輩が、弊社がお世話になっている取引先の営業マンになっています。その彼が、関野社長を紹介してくれたんです。信頼している後輩が引き合わせてくれるのだから、話をする価値があると思いました。

会ってみると、関野社長はそれまでの不動産屋のイメージとはまったく違っていて、普通の柔和なビジネスマンという印象でした。しかし話をしているうちに、営業トークではあっても何か心がこもっていると感じました。また不動産の物件の話というより、不動産投資のメリットやデメリット、考え方などを語っていく姿勢から、一緒にビジネスをしてみたいという気持ちが生まれてきました。私は直感で勝負するタイプなんです。

初めての投資は2戸同時に行いました。大きな借金を背負うことにはなりますが、私には1部上場企業がついているのですから、借金はむしろしないと損。仮に何かあっても、そのくらいの返済をしていける自信もありました。それに関野社長がついていてくれるなら、どんなことでも困ったら相談すればいい。資産は運用しないと意味がありませんが、将来の運用についても関野社長に任せていれば安心できると思えました。

不動産投資によるメリットは理解しましたが、特段それを享受したいと思って始めたわけではありません。ただ、私のこれからの人生のなかで、関野社長と今後ずっとつき合っていきたいと考えたのが、不動産投資をした一番の理由ということになるでしょうか。

関野社長なら、従来から根強く、なかなか拭えない不動産業界のグレーなイメージを、クリーンなものにしていけるのではないかと思います。順調に成長していただいて、業界を革新していかれることを期待しています。

マンション投資体験を語る⑦

不動産投資は物件でなく人物への投資

現在のお仕事について教えてください

弊社はインターネット広告事業と人材ソリューション事業の2つの軸を中心に多岐にわたる事業を展開しています。近年ではインターネットで就職・転職活動をする方が増えており、人材サービスとウェブ活用両方の強みを持つ弊社ならではの取り組みで両事業ともに好調です。

不動産投資を始めたきっかけと、トラスティーパートナーズからの購入経緯は？

28歳の頃に700万円くらいの年収があり、余裕資金で将来の資産形成ができると考えて投資に興味を持ちました。広告の仕事をしていると、さまざまな業界の内実を知ることができます。不動産業や不動産投資についてもそうです。投資で成功したケースも失敗したケースも知っていますが、不動産は投資対象としてリターンは少ないがリスクも少なく、他の投資のリスクヘッジにもなり、将来の年金がわりにもなり、万が一の時のための保険としても機能するメリットがあります。利回りで儲けるのでなく、将来の安心を目的に投資するなら最適です。

最初は保険営業に来た方に勧められて、２０１４年に大阪の新築マンションの２戸をフルローンで手に入れました。こちらは新大阪から徒歩1分という非常にいい立地なので、空室リスクは少なく、家賃保証はつけずに運用しています。不動産投資は収支はトントンで良いし、多少は足が出てもいいと考えています。

松岡 裕美さん（34歳）
大手マーケティング会社　取締役 Web 事業部
ワンルーム３戸経営

その後、知人からの紹介で関野社長と知り合いました。その人が関野社長を通して不動産投資をしていたのですね。関野社長と会ってみると、人付き合いで物事を決める人なのだな、と感じました。実際その後、関野社長のお客さま人脈からいろいろな不動産投資経験者を紹介してもらいました。投資には、さまざまな騙しの手口があるのですが、騙されないための秘訣は、信頼できる人が自分で利用したことがある会社を紹介してもらうことと、その人が買ってから数年を経て投資に満足していることです。それに加えて、一対一で話をしてみて自分が納得できることですね。その相手が業者の代表であれば、一番安心です。関野社長は自分のお客さまと自由に話せる場をつくってくれますし、出会った皆さんがそれぞれ満足されていることを本人から直接聞くことができました。大阪のマンションを買った時は物件の魅力で買いましたが、関野社長と知り合ってからは、東京では人の魅力で買ってやろうと思いました。

そこで、約2年前に東京のマンションを1戸、トラスティーパートナーズから購入することにしました。この頃には年収が1000万円を超えていました。利回りは気にせず、嫁や子供が困らない未来のための資産形成をメインに考えました。こちらは家賃保証つきの管理契約もつけています。それから現在までに何も問題は起きておらず、不満は何もありません。それどころか、関野社長には税金のことや保険のことなど何でも相談できて助かっています。特に保険に関しては余計なプランに加入せず、将来の安心にプラスアルファできるような保険プランを選んで加入することができました。不動産投資で安心のベースとなる資金計画を立てたら、給料が上がった時点でそれに追加して火災保険などへの加入で補償を積み上げることができるのも利点の一つですね。

これからトラスティーパートナーズに望むことは？

不動産投資に関しては年間収支がトントンならそれでもよいと考えていますが、売却がよい条件でできるなら、新たな物件に買い換えることも考えています。今後の資金運用に関しても関野社長に相談して、お互いにウィンウィンの関係が続けられるとよいですね。

関野社長のおかげでたくさんの人と知り合うことができましたし、私自身も弊社社員を含めて数十人の人にトラスティーパートナーズを紹介しています。その多くが不動産投資を実行しているようです。信頼できる不動産業者とのお付き合いを通して、周りの人が将来の安心を手に入れられるならとてもうれしいことです。

マンション投資体験を語る❽

ライフプランをアドバイスしてくれる友人として交際

ご経歴と現在のお仕事について教えてください

２００９年にリクルートに入社、3年後にサイバーエージェントに転職し、インターネット広告プロモーションの経験を積んで現在の会社に転職しました。弊社の専門知見を活かしたデジタル領域でのプロモーションを、グループ企業が担当するテレビプロモーションと連動させる形でプロデュースしています。会社は変わっても広告事業を主軸に10年以上やってきました。

不動産投資を始めたきっかけは?

30代半ばの年齢になり、結婚して一家を持つことを真剣に考えるようになりました。現在の会社に将来の資金計画をしっかり持っている人が多いせいもありますが、もし家族を持った時に、自分に万一のことがあったらどうなるかを考えると、今から何かをしておかなければならないと思っていました。

株式や仮想通貨への投資を持ちかける業者は多くありましたが、ひと儲けできるかもしれないけれどリスクも大きい、マネーゲームや投機の側面があります。現在の生活でお金に困るようなことはありませんから、そうしたものに手を出す必要はない。不動産投資業者からもアプローチがいくつもありましたが、とにかく時間を割いてほしい、契約してほしいと、こちらの都合を考えずに連絡してきて、会ってみて話を聞いても、内容が理解できないし、どうもうさんくさい印象を持っていましたね。

神木 洋人さん（35歳）
大手総合メディア企業　メディアプロデューサー
ワンルーム２戸経営

そんな時、サイバーエージェント時代からの信頼のおける親友が「面白い人がいる」と紹介してくれたのが、トラスティーパートナーズ営業の田安さんという方でした。不動産投資の基礎知識でもちょっと聞いてみるかと会ってみたら、その席に関野社長も同席してくれていました。そこでトラスティーパートナーズの会社規模やしっかりした顧客ネットワークの話を初めて聞いたのですが、不動産投資の話はほとんどせずに、人生設計に関する話ばかりをしましたね。資金計画の一環として投資の話になっても株式や仮想通貨も含めて投資全般について投資方法のアドバイスをくれました。

不動産投資を勧めるわけでもなく、こちら側の立場に立って、よりよいライフプランを議論してくれたのです。弊社グループでは「クライアントファースト」、つまり顧客の成功のために全力を尽くすことを社是にしていますが、関野社長も同じ理念に裏打ちされたロジックで仕事をされていると感じました。

それから不動産投資について勉強して、田安さんや関野社長にアドバイスを求める関係が続きました。仕組みがわかってみると、不動産投資は形あるモノへの投資なので本当はシンプルです。投資のメリットもデメリットも、自分のなかで消化しきれたと思えたタイミングで、川崎市のワンルーム1戸と都内のワンルーム1戸、それぞれ2500万円くらいの物件をフルローンで購入しました。

借金の負担感を上回るメリットはありましたか？

家賃保証つきの管理契約ですから返済に心配はありませんし、何かあっても田安さんや関野社長に任せておけば安心だと思っています。確定申告すれば税金が戻ってくることは少し楽しみですね。近々自宅の購入も考えているので、不動産投資は今のところ控えていますが、いずれ給料が上がった時にはさらに融資を得て投資することを考えています。関野社長から売却などのアドバイスがあれば、それも含めて資産運用を考えていきます。また、この不動産投資をきっかけに、株式など別の投資対象にも興味が広がり、一部実行しています。

直接的なメリットよりも、むしろ関野社長を通じてさまざまな業界のハイレベルな人たちとのお付き合いが広がったことがうれしいですね。交際の幅が広がったことで仕事につながることも時にはあります。関野社長とは投資パートナーというより友達づきあいをしており、この前は紹介してくれた友人と彼の同僚と関野社長とで、海外旅行にも行きましたし、仕事の垣根を越えたお付き合いになっています。こうした人との関係づくりができたのが一番の収穫かもしれません。

第4章　トラスティーパートナーズが業界を変える

本章では、私とトラスティーパートナーズの過去を振り返るとともに、どのような理念でビジネスモデルをつくり上げてきたのかをお伝えしたいと思います。また、弊社に入社して一緒に汗を流してくれている仲間たちのなかには、かつては私に不動産投資の相談をしてくれたお客さまだった人が何人もいます。どうして前職を辞めてまで弊社に入社してくれたのか、お客さまに何を提供したいと思っているのかを、彼／彼女らの声を、本章後半に収載しました。社員でありながら、ほとんどの人が個人的に不動産経営を行っている投資家でもあります。弊社の存在意義や独自性とともに、社員の熱量を感じ取っていただければ幸いです。

20代後半でトラスティーパートナーズを起業した理由

トラスティーパートナーズは設立からやっと6年が経ち、東京・広尾に本社を置き、茨城県と群馬県にも支店を展開しています。資本金は２５００万円、社員数は約60名のベンチャー企業です（２０１９年9月現在）。

私自身は現在34歳になりますが、社会人になったのは18歳の時ですから16年の社会人経験があることになります。やってきたのは営業の仕事です。その間行ってきたほぼ唯一の仕事は、人との関係性づくりです。ここでは私が何を考え、不動産投資を支援する会社をつくったのかや、トラスティーパートナーズが何を目指しているか、そして皆さんに何が提供できるかをお伝えしたいと思います。

トラスティーパートナーズは次の３つの理念のもとに動いています。

・**基本理念「社員は家族であり、同じ目的を持った同志である」**
・**経営理念「我々自身が心から良いと思えるサービスを提供致します」**
・**企業理念「お客さまの〝笑顔〟を創造し、信頼できるベストパートナーとなり、日本を代表する企業を目指します」**

これらには私の過去の反省と将来への夢を込めています。こうした理念の意味をご理解いただくために、まずは私の過去をお話ししましょう。

営業は説得ではなく関係性づくりと気づいた18歳

私が生まれたのは1985年（昭和60年）です。東京都大田区で生まれ、神奈川県横浜市で育ちました。幼稚園の頃からずっと経営者になることを夢みていた、ちょっとおかしな子供でした。

もちろんどうすれば経営者になれるのかはわからなかったので、アルバイトで稼げるようになった高校生の頃には、稼いだお金を社会人向けのセミナーや研修に注ぎ込んで、大人に混じってビジネスのイロハを学ぶようになりました。大人ばかりの会場で高校生の私に興味を持っていただく方も多く、多くの先輩方と触れ合うことができました。

そうして学校の勉強以外での学びと人との交流を深めていくうち、ビジネスは人と人との関係のなかから生まれ、他人が喜ぶことをすることが自分の幸せにつながるのかもしれないと思い始めました。そこで、仕事をするのなら、まずは営業から始めたい、それが自分に合った仕事なのだと考えました。

経営者になるには大学を出たほうがよいと思って、高校卒業後は大学進学を目指して受験勉強をしていたのですが、すぐに気づいたのは、大卒の肩書は社長になるための必要条件じゃないということです。他に家庭の事情もあったのですが、思い切って、大学に進学せずに、すぐに働ける営業職に就き社会人としての人生をスタートしました。

その時入社した会社は、ＮＨＫの受信契約締結事業を行う会社でした。受信契約をしていない人に契約してくれるようお願いするのが仕事です。実際には、これまで多くの営業担当者が対応に苦慮してきた未契約者の方が多く、営業には違いないのですが、非常に難しいクレーム処理をしているようなものでした。どんなに理路整然と説明や説得をしても首を縦にふってはくれません。しかし、顔と顔を合わせて相手の話を、どんなことでもじっくりと聞いていると、そんな人でも次第に心を開いてくれることに気づきました。心が開いてくると、こちらの話もだんだん聞いてくれるように態度が変化していくのです。そのことがわかって以来、私の営業成績はどんどん上がっていくようになりました。「説得するよりも関係性をつくることを第一義として取り組めば営業は成功する」。この仕事を通して得たのはこの単純な真理でした。

恐い相手でも、こちらがその人のことをよく知り、その人の気持ちに沿って話をすることが相手の心を変容させます。短い訪問時間のなかでそれが実感できた時は、自分自身がうれしい気持ちになりました。「私は本来、人が好きなんだ」ということを、この時代にはっきりと確信したのを今でも鮮やかに覚えています。

イメージの悪い業界ほど成功の可能性がある

自分の内面の真実に気がついた時、それならもっと他人の人生に関わる仕事がしたいと思うようになりました。そんな仕事は何かと考えて、生命保険か不動産の仕事が候補になりました。生命保険は人生設計に重要な役割を持っていますし、不動産もそうです。どちらかを選ぼうと思った時、私は「業界の評判が悪いほうが成功可能性が高い」と考えたのです。

人の逆張りをするのが成功の近道だという考えもありました。でもそれ以上に、評判が悪い業界には多くの問題があるはずで、その問題を解決することができれば、悪評をつくり出した既存の会社に勝てるという計算をしたのです。

生命保険にしろ不動産にしろ、社会に必要とされていることは確実ですし、真っ当なサービスを提供していれば、必ずお客さまの幸せにつながるはずの業界です。それなのに、執拗な電話営業や訪問営業、強引な説得などがあまりに横行していたため、世間から嫌われるようになってしまいました。

特に当時の不動産業界の評判は最悪で、友人・知人に「不動産業界だけはやめろ」と言われるようなあり様でした。でも10人中９人がやめろという業界なら、そのほうが勝てる確率が高いと当時の私は思ったのです。

不動産業のなかでも投資を支援する仕事は、保険勧誘よりも何よりも、はるかにお客さまを納得させるハードルが高いことも、私のプライドをくすぐりました。私の言葉でお客さまにハードルを飛び越えてもらえたら、絶対にやりがいがあると。しかも不動産は衣食住という人間生活の基本のうちの一つを担う仕事です。住まいは人生を支える基盤であり、幸せをつくり出していくための基地になるものです。それに関わる仕事ですから、必ず社会貢献になり、お客さまがより豊かな人生を築く手助けになるはずです。

ただ、従来のままの、悪評高い不動産業ではダメです。私がこの業界の問題を少しずつでも変えていき、すでに蔓延しているマイナスイメージをプラス方向に転換したい、それをやることこそ進むべき道だと思いました。

不動産投資の現実を知るためマンションを購入

決意はしても、当時の私には不動産取引のノウハウなどまったくありません。そこで、思い切って自分で２５００万円のマンションを買ってみたのです。それが21歳の頃でした。もちろん自己資金はほとんどありませんから、巨額な借金を背負うことになります。借金は気持ちの上で大きな負担でしたが、最初は自分で住んでいたので、家賃の支払いとローンの返済額との違いはたいしてありません。それに目標は経営者ですから、「こんなマンションのひと部屋くらいで自分の人生が変わるようだったら、私はそこまでの人間だったということ。これくらいのことではびくともするものか」という思いがありました。

その後は住むための不動産を別に購入し、最初のマンションは他人に貸すようにしました。家賃が入る一方で、ローン返済、管理修繕費、委託管理手数料、固定資産税は自分で払い、その差額が収入になるという、不動産投資の基本を自分自身で体験し、オーナーが何を考えるものなのかを、少しずつ理解していったのです。それがわかるようになった頃、多くの不動産会社の求人に応募しました。

とはいえ、ただ人手不足の穴を埋めるための人材として採用してほしくはなかったので、面接で「私は選ぶ立場。私を採っていただければ必ず売上が上がります」と言うことにしました。全部の面接が終わったらご連絡しますと言って、いくつもの会社の面接を受けていきました。採用担当の方には、ずいぶん生意気な若者と思われたことと思います。大手会社の一部では「それなら結構」とそれまでになりましたが、それでも私を採用したいと言ってくれる会社が何社もありました。結局は本当に選ぶ立場になり、どこにしようか迷う状態になったのです。

そこで私が選んだのは、ベンチャーで、かつ仕組みがまだまだ統制されていない会社でした。業界のなかでもかなり小さい会社でしたが、その会社の社長に仕事に関する理念や信念があり、会社の問題を自覚していることがわかったからです。成長を望んでいるのなら、その想いをかなえる一助になれたら幸いだと思いました。社長が問題に気づいてもおらず、会社の使命に無自覚でいたらそれも無理ですが、その会社には経営や組織を改革して成長する可能性があると感じました。私の目標は経営者になることで、既存の会社に入社したのは経営の実践訓練を自分に課すことが目的でした。だからこそ、経営が不安定な会社ほど、腕を磨けると思っていました。

3年足らずで営業部長に昇進、上場直前に退職

その会社に入社したのは2006年11月でした。その2年半後、私は営業部長に任命されます。でも別に驚きませんでした。実は入社早々に、「私は3年で営業部長になります」と宣言していて、実際にそのとおりになったのです。

人材が少ないとはいえ、先輩社員は大勢いますから、もちろん大抜擢ですね。ただそれが当然という雰囲気は社内にあったと思います。その時には社内でトップ営業になっていました。なにしろ、入社した当初から、営業スタッフの平均販売件数の5倍くらいを売り続けていたからです。もちろん他のスタッフよりも努力をしました。

ずっと憧れを抱いていたサイバーエージェントの藤田晋社長が「週に110時間働け!」というキーワードを発信しておられることを記事で拝見したので、私は120時間働きました。私は藤田社長よりスペックが低い人間ですから、藤田社長を上回る努力をしなければダメだと思ったからです。

朝7時過ぎには出社して終電で自宅に帰る生活を、土日休日なしで続けた結果、ほぼ人

の３倍以上は働いていたと思います。働いた時間に比例して、成功や失敗の数も多くなります。経験値はどんどん上がっていきますね。経験したことは自分のなかで整理して、次は失敗しないように、より大きな成功につながるように生かさなければなりません。その繰り返しが能力を高めます。

私は３年間で10年分の経験をしたと自負しています。出会った人の数も他の営業スタッフの比ではありません。なぜそれができたかといえば、経営者になるという明確な目標があったからです。目標が見えていれば、たどりつくまでに何をすればいいかがわかります。そのためにワークボリュームが必要なら、それをこなすだけです。私自身が自分のＰＤＣＡサイクル（Plan, Do, Check, Adjust の繰り返し）を意識して回していれば、やがて会社も成長する。その思いで働き続けているうちに、会社の業績はみるみる伸び、やがて上場も視野に入るほどに経営が安定していきました。

もちろん私だけの功績ではなく、私が営業部長として率いてきた部下たちの苦労もあったのです。部下たちは私と同じようにはいきませんでしたが、彼らなりには一生懸命努力していたはずです。ですが、当時の私は部下の立場に立って考えることを怠っていました。部下たちの業績が思うように上がらないことに苛立って、毎日発破をかけて成績アップを迫っていました。営業成績が下がると、良かれと思ってのことではありますが、わざと厳しい言葉で罵倒するような上司でした。

それでも会社は上げ潮に乗ったように業績が上がっていきました。だからこそ部下たちへの接し方もこれでよいと思っていたのですが、一方で、その頃にはだんだん社長との考えの違いが明らかになっていきました。売上向上ばかりが目標になってしまい、お客さまの人生を豊かにするという本来の役割が見失われているのではないかと悩むようになり、社長と話していても何かずれを感じることがしばしばでした。そこで、ここが私にとっての成長のタイミングと思い、挑戦したいという想いから独立することを決めたのです。

お客さまのベストパートナーになるには社員の目標共有が不可欠

向こう1年間の競合の禁止を条件にその会社を辞めて起業することで社長が納得してくれたので、やっと昔からの夢だった経営者になる道が開けました。

でも1人では会社はやっていけません。この時点の私は非常に楽観的でした。「部下たちが必ずついてきてくれる」と信じていたのです。ところが、いざ辞めてみると、私と一緒にやろうという人はたった１人しかいませんでした。１人でもいてくれたことを喜びはしましたが、実はこの時ほど落胆したことはありません。一緒にあれほど頑張ってきたじゃないか、私のおかげで成績を上げてきたじゃないか。部下と私は固い絆で結びついているという自信が、いざという時に裏切られた思いだったのです。これが私の最大の失敗だったと思っています。

自分の人望のなさに愕然とすると同時に、なんと傲慢な期待をしていたのかと、私は自分を責めました。振り返ってみれば、私は私自身の信念に基づいて仕事をしてきましたが、それを部下と共有する努力は何もしてきませんでした。働いている自分を見ていれば、何をすべきかは部下に自然にわかるはずだと思っていたのです。

しかしそうではありませんでした。一緒に働き、成長をめざすなら、同じ方向を向いて力を合わせなければなりません。走る方向が少しでもずれていたらゴールを見失うのは当たり前です。それに気づいた時、私は天狗になっていた自分を反省し、変えていかなければならないと、この時に強く心に刻みました。

現在の弊社の企業理念は前述したように、お客さまにとってのベストパートナーとなって成長することなのですが、それ以前の基本理念として「社員は家族であり、同じ目的を持った同志である」という言葉を掲げています。これには私のベストパートナーが社員であり、社員にとっては他の社員や社長としての私がベストパートナーでなければならないという想いを込めています。トラスティーパートナーズという社名は、お客さまのみならず、社員全員が信頼できるパートナーであるべきだという意味を含めています。こうした理念は、この時の苦い経験を二度としたくないという私自身の反省から生まれたものなのです。

六本木のバーラウンジで生まれたお客さまとのネットワーク

不動産関係の仕事が向こう1年できない約束でしたから、過去の自分を反省し、これからの会社のあり方を考えるには十分な時間がありました。ただ考えてばかりいるわけにもいきませんから、不動産業のスタートまでにできることをしていこうと思い、東京・六本木に会員制のバーラウンジを開店しました。これまでに親交が結べた方々をお呼びして、不動産関係の話ができる、いわばサロン経営をしようと考えたのです。もちろん目的は人脈づくりです。会員制であるため、そこに来る人は既存会員と何らかの関係がある人ばかりになります。まったくの赤の他人が集まるサロンではなく、仲間として語り合える間柄の人たちが一種のネットワークを形成する場として、このバーラウンジは機能しました。新しい会員の方が見えれば、その方から何か新しい情報がそのネットワークを通じて流れていきます。お客さま同士がそのネットワークで知り合い、仲良くなり、不動産の売買やマンション経営などさまざまな不動産投資にまつわる情報のやり取りが、どんどん活性化していきました。本や雑誌、広告、インターネットなどから得られる情報にも貴重なものはありますが、素性がわかっている人同士の間で口コミで伝えられる情報は、はるかに信頼性があり、重みがあります。この場を利用して、お客さま同士で不動産売買の商談が成立することもありました。

私は事業者としてではなく、バーラウンジのオーナーとして、そうした皆さんと親交を深め、またたくさんの方と知り合いました。そこで不動産会社の起業の話になれば、自分が考えている会社像を話しました。するとなかには協力したいという人も出てきました。そうした交流を続けるうちに１年が経ち、晴れて不動産事業をスタートしたのが２０１４年９月のことです。

完全会員制不動産コンシェルジュとして会社を創業

トラスティーパートナーズとしてスタートした当初から、すでに獲得していた不動産投資に関心を寄せている皆さんとのネットワークができていましたから、規模は小さいながらも順調に事業を進めることができました。人間関係をつくるなかで社員として働いてくれる仲間も増えていきました。この頃から、弊社の基本的なビジネスは変わっていません。ひと言でいえば「完全会員制不動産コンシェルジュ」です。不動産投資にまつわるお悩み事を、専門知識やノウハウを駆使して解決に導くサービスです。弊社が常に収集している各種の不動産情報とお客さまの事例・口コミ情報、あるいは金融機関の融資関連情報、施設・設備系の情報、法務関係の情報などを活用し、お客さまが迷わず購入でき、適切な利回りで運営できる物件をご紹介し、購入後に発生する数々の運用まわりの実務やトラブル対応などを代行またはご支援するのが、事業の主軸です。

前述したように弊社は外向けの電話営業・訪問営業は一切行わず、口コミやSNSなどを中心にした人のネットワークを広げていくことでお客さまを獲得しています。事業部門の機能は3つしかありません。ウェブでの情報提供などをメインに行うPR・マーケティング部門、内部で情報収集・整理・加工、お客さまごとの投資シミュレーションなどを行うインサイドセールス部門、実際にお客さまと契約前の商談を行うアウトサイドセールス部門の３つです。

アウトサイドセールスでは、私や担当スタッフがお客さまと面談しながらご説明や質疑応答を行いますが、基本的には50分の面談を2回、契約書類作成などの実務的な面談を1回の、計3回の面談を行うのが基本スタイルです。ほとんどのお客さまが1回めか2回めの面談で購入するかどうかの意思決定をされます。この短い間に、どこまでお客さまに信頼していただけるのかが、弊社の営業のポイントになっています。

とはいえ、やっていることは正しい情報を漏れなくお伝えし、不安なところや疑問点をお聞きして解決策を誠心誠意考えるということだけです。

特別な秘訣があるわけではありませんが、理念に基づいてお客さまの立場で将来の人生設計にふさわしい資金設計、投資方法を一緒に考えていく姿勢が、他社とは違うと自負しています。不動産会社の平均的な投資案件の月間成約件数は、ご面談が約6人あたりに対して1人というところですが、弊社ではご面談が4人あたりに対して1人の成約実績を上げています。私自身は少しプレミアムな案件を担当することが多いのですが、成約率は約

70パーセントです。会社としても私個人としても、不動産業界のなかではトップランクに入る成約率です。この数字には、物件ありきの営業を今も行っている同業他社との考え方の違いが表れているのだと思います。

その一つの傍証に、弊社のお客さまは物件そのものに対してあまり細かい質問や指摘をされないことも挙げられるかもしれません。

お客さまとしては、適正な利回りでお望みのタイミングで十分な資産が形成できるのならそれでよく、例えば建物の日当たりがどうとか、住宅設備がどうとかという細かいことは気にされません。そもそも物件の条件が悪くてお客さまの目標とする資産形成が達成できないような物件を紹介することはないのですから、些末なことは除外して考えていただくお客さまが多いのです。むしろ第2章で説明したような投資メリットがどれだけあるかと、デメリット（疑問点）が弊社のサービスなどでどのように解決・適正化できるかに対してのご関心が高く、それらをすべて担当スタッフが説明できるところが、高い成約率につながっていると考えています。

実際、お客さまの大部分の方が、実際に現地の物件をご覧になられることなくご契約され、その後の運営においても弊社がお伝えする定期レポートや、修繕・メンテナンス、入退居、契約更新などの際のご相談、お見積りその他のサービスだけでご満足いただいているケースが多いようです。ほとんど負担を感じることなく、十分なメリットを得ておられるお客さまがほとんどなのです。

不動産投資の不安ポイント解消への弊社の施策

次に、前述した不動産投資への主な不安ポイントに対して、弊社がどのように解決を図れるのか、少し詳しく説明しましょう。

利回りへの不安について

ワンルームマンション購入時に最も注意すべきなのが利回りです。当然ローン返済金利よりも高い利回りが必要です。融資の金利がおよそ2パーセント前後、むしろそれ以下になる場合が多い状況を考えると、４パーセント程度あれば納得のいく資産形成は可能です。投資向けの物件のなかには少し高い利回りのものもありますが、取引形態の違いと考えられます。自己資金を投資せずに購入できる取引形態か、仲介手数料を支払う仲介形態かによっても数値が変わってきますし、修繕費の見積りが緩い物件は利回りが良いですが、所有後に利回りが大幅に下がっていくことがありますので、しっかりとした目利きが必要になります。

都内の新築ワンルームマンションの利回りは近年では5パーセント前後で推移しており、ほとんど上下することがありません。特に近隣駅から10分以内、しかも都内の人気エリアのマンションなら空室リスクは低く、経費もほとんどかかりません。住むための条件が悪くて利回りが高い物件よりも、4～5パーセントの利回りでも住みやすい、住んでみたいと思わせるマンションのほうが、安心して経営できます。

弊社では、利回りが資産形成目的に沿って必要十分であることを前提に、立地、環境、通勤・通学のしやすさ、買い物のしやすさ、さらにデザイン性も加味して物件を評価しています。その結果、総合的に空室リスクが少なく、住む人の満足度が高いと思われる物件をできるだけ仕入れ、お客さまに応じてご紹介することを基本にしています。

空室リスクを最小限にするために

利回りが適切で、入居者がとぎれない物件をお求めになることが空室リスクを低くするポイントです。弊社ではそのような条件に見合う物件しかご紹介していません。

ただしそれでもご不安な場合には、サブリース（借上げ契約）を利用されるとよいでしょう。たとえ空室になっても、不動産会社が毎月一定額をオーナーにお支払いするのがこの契約です。

これは多くの不動産会社などが提供しているサービスですが、なかには空室が多くなるとオーナーに家賃の値下げを迫るようなケースもあるようです。弊社では適正な賃料の見積りの上でお支払いをしていますが、もしご心配な場合は、いつでも契約内容をご説明し、お見積りしていますので、他の不動産会社数社の見積りや契約内容と比較されるとよいでしょう。

少しでも有利になるサービスをご利用になるべきです。

不動産の劣化、価値低下について

不動産の劣化は価格低下に直結し、家賃のレベルにも響きます。経年劣化は避けようがありませんが、日々の清掃や問題箇所の発見、修繕、設備等の交換など、メンテナンスや管理をしっかり行っていれば、劣化を遅らせることが可能です。一般的には管理会社と契約して定期的な修繕やメンテナンスを行っていますが、その質は管理会社によってさまざまです。弊社では確実な修繕積立金制度の立案や運用、マンションの管理体制の高度化などにより、適正なコストで不動産価値を維持するような仕組みづくりをしています。適時に設備の状態の報告やメンテナンスを提案、あるいは入退室時の内装の状況によって修繕などのコストが変わりますが、オーナーが実地に見分できない場合でもその状態をレポートするサービスも提供しています。

入居者募集について

入居者募集に関しては、仲介業者やインターネットのサイトを活用した募集活動を弊社が代行するサービスをご利用いただけます。ご自分で他の不動産会社やメディアをお使いになることもできますし、口コミで募集できるならそのほうが確実かもしれませんが、専門ノウハウと経験豊富な業者に任せたほうがコスト的にも安く、効果が高いというのが一般的な常識かと思います。

なお、現在弊社ではパソコンやスマートフォンによりインターネットを介して部屋を貸したい人と借りたい人とのマッチングを図るサービスを展開しています。民泊向けの「M

ＩＮＣＯＬＬＥ（ミンコレ）」、マンスリーマンションや時間貸しなどの転貸向けの「ＴＥＮＣＯＬＬＥ（テンコレ）」です。他にも、最新ＩＴ技術を駆使して不動産投資をもっと簡単・安心にするいわゆるReTech（Real Estate Technology＝リーテック、不動産テック）を今後続々と提供していく予定です。ＬＩＮＥなどのＳＮＳサービスでも各種情報を発信していきますので、従来よりも新鮮な物件情報や業界情報を多数の方にお伝えすることができます。こうしたメディアを活用されることも、速やかな入居者募集や契約に結びつきます。インターネットを活用した情報提供サイト、検索サイト、各種サービスアプリなどは今後も各社から続々提供されることと思います。どれだけ多くのメディアを活用してお客さまのニーズに答えられるかが、今後の不動産会社の成長の鍵だといえるでしょう。

弊社はデベロッパーなどに比べて小規模ではありますが、インターネットメディアやサービスの活用については先進的な取り組みをしていると自負しています。詳しくは第５章で紹介しています。

入居後の滞納、トラブル対応について

入居後に家賃を滞納されるとキャッシュフローが滞りますから、一刻も早い入金を促す

アクションが必要です。また施設・設備の故障などのトラブル、入居者同士のトラブルなどにも可能な限り迅速な対応を図らなければなりません。

オーナーが滞納や各種トラブルの発生に気づき、入居者に連絡し、業者の作業が必要な場合は業者を手配するという作業を自分で行うには、時間もコストも労力もかかり大きな負担につながります。そこで、滞納者への対応は集金代行サービスを利用し、各種トラブルには運用・管理業務の受託業者との契約で早期解決を図るのが、一般的な対策になります。

弊社はこのような集金代行、運用・管理代行サービスなどアフターサービスを充実させているのが特徴です。サブリースも不安解消のお役に立つかもしれません。ワンストップで各種トラブルが解決できる業者かどうか、比較していただくことをお勧めします。

このように、不動産を購入される前後のサポートだけでなく、その後のアフターサポートに、より力を注いでいるのが弊社の特徴です。一般の不動産業者の営業は新規営業に約9割、顧客サポートに1割ほどの労力割合が現状となっていますが、弊社はまったく逆で、顧客サポートに8割の労力を使っています。

「売ってしまえばそれで終わり」の営業は弊社では一切しておらず、売った時がお客さまとの関係のスタートだと考えて仕事をしています。ワンルーム投資をしたお客さまが運営上で困ることがあればサポートをしますし、さらに同様の投資や、今度はアパート投資を始めたいという場合にも、適切な投資方法をご提案してサポートをしていきます。

最終的にお客さまが定めているゴール（納得できる資産形成）に向かって、不動産投資をどのように展開していくかを、お客さまとともに考え、一連の行動をすべてサポートできるように、弊社のサービスは構成されています。

このような考え方や現実の実行力が評価されて、現在では弊社のサービスをリピート利用してくださるお客さまが多くなりました、次々に新しい投資先を求められるお客さまも増えている状況です。

なお、不動産業界は離職者が多く定着しないと言われており、お客さまの担当営業がころころと変わることを懸念される方もおられるかもしれません。しかし弊社はここ数年間、離職率は低い水準を維持できています。不動産業界ではなかなか珍しいほうかと思います。営業担当者に厳しいノルマが多くあるわけではありませんから、無理な営業をする必要もなく、お客さまの喜ぶ顔がいつも見られて、しかもそれなりに収入が得られるということで、あまりストレスなく、パートナーシップが高められて働きがいのある職場になっていると思います。
職場の雰囲気やストレスの度合いはお客さま対応にも影響する部分が大きいですから、社内ではできるだけ働きやすい環境をこれからも整備していきたいと思っています。

私の過去と、トラスティーパートナーズの理念や事業についてご理解いただけたでしょうか。でも、社長の私が自画自賛しているだけでは今ひとつ納得いかないかもしれませんね。次に、弊社社員の声を、第三者が取材したインタビューを掲載します。なかには新卒採用の人もいますし、元顧客で今は中途入社社員として働いている人もいます。個人的に何戸もの不動産を投資目的で所有している人もいます。従業員の飾らない生の声から、弊社の雰囲気を感じ取っていただくとともに、不動産会社スタッフとしての情熱を感じていただけると思います。

トラスティーパートナーズの仲間たち
(座っている最前列右から３人めが関野)

従業員インタビュー❶

面談での具体的な資金計画ストーリーに納得

ワンルームマンション投資を始めた経緯は?

最初に勤めた会社がリフォーム事業の会社で、私は新しく立ち上げた不動産事業に参加、売買仲介を手がけていました。個人的な不動産投資には当時から興味があり、宅地建物取引士の資格も取って専門知識をつけましたが、当時の仕事はもっぱら転売によるキャピタルゲインを求めるものばかり。それ以外の不動産投資の方法を知らなかったのが実情です。その会社で11年勤めた後、縁あって人材紹介業の1部上場企業に転職しました。関野社長と初めて知り合ったのはその頃です。

そもそもは、個人で利用していたLinkedIn(個人のキャリア公表が前提でビジネス交流中心のSNS)で、トラスティーパートナーズの営業の方と接触したのが始まりです。不動産知識が売買に偏っていると自覚していたので、プロフェッショナルの話を聞いてみたいと思い、面談することにしたのです。最初は騙されるんじゃないかと警戒していましたが、対面した関野社長はなかなか物件の話をせず、そのかわり不動産投資は年金のように考えられるとか、生命保険がわりにもなるものだという話をしてくれました。これまでの私には欠けていた、不動産投資でインカムゲインを得るやり方について、私個人になぞらえてストーリーを考えてくれるのです。しかも具体性があり、実現可能性がある納得できるストーリーです。

　私はそれ以前に自宅を購入していましたし、不動産売買に関連するところについてはプロですから、何か嘘があればすぐわかります。関野社長は事実を積み重ねながら、人生のなかで不動産投資をどう位置づけて活用していくかを語ってくれました。

　この面談を通して、この人の言うことには嘘がなく、信じられると感じ、無理のない範囲でワンルームマンション投資を始めてみようと思いました。

山田 実希憲（40歳）
ヒューマンリソースマネジメント
事業部　事業部長

マンション購入とその後の経営での感想は？

心配だったのは自己資金です。それまで不動産投資といえば１００万円以上の資金がなければムリだと思いこんでいたのです。しかし、関野社長は数十万円で大丈夫だと言い、その理由を一つひとつ説明してくれました。少し豪華な旅行に行くくらいの金額で始められるということですね。

実はこの頃、他の不動産会社とも投資について相談していました。物件価格に関してはどこの会社も大差のない数字でしたが、関野社長が算出した諸経費や手数料などその他の費用は、少なくとも１００万円オーダーで低かったのです。購入時に得られるはずの利益を削っても、その後長期間にわたる人間的な関係を築きたいという思いが、そのことからも伝わりました。一緒にどんな未来が描けるのかを、真剣に考えてくれていると感じ、初めての投資を決めたのです。

関野社長は適正な利回りの物件のラインナップをすでにいくつか用意してくれていて、そのなかから東京・用賀の駅から徒歩7分くらいの立地の20平方メートル程度の物件を私が選びました。

とはいえ、間違いなく私の人生の資金計画の助けになる物件なら正直言ってどれでもよかったのです。サブリース契約や管理サービスを利用したので、こちらの労力はほとんどありません。難しかったのは嫁の説得くらいでした。この物件の運営は思いどおりに進み、その後さらに1戸、東京・野方の１６００万円ほどの中古マンションを購入しています。

２部屋を現在経営していることになりますが、ふだんオーナーであることを意識することはありません。意識するのは固定資産税を払う時くらいですね。退居や新入居などの状況は逐一報告されますが、退居理由は何なのかが気になるくらいで、運営状況に関するストレスが何もない。そもそもあまりまめな人間ではないのですが、そんな私でも十分にマンション経営ができるものなんですね。

世間でリスクと言われている事柄が、実はリスクではないことが、実体験でわかりました。

トラスティーパートナーズ入社の経緯と現在のお仕事は？

前職の会社では人材紹介事業に特化していましたが、それと不動産を掛け合わせたら何か面白いことができるのではないかとはかねてから思っていました。そこで不動産事業も展開可能性のあるＩＴベンチャー系企業への転職を考えていて、ほぼ決定した時に関野社長にその報告をしたのです。

　すると関野社長から「転職を考えているのならうちに来ないか」と誘われました。なんと私に人材紹介事業の立ち上げを任せてくれるというのです。決まりかけていたベンチャー企業ではすでに人材紹介事業が立ち上がっていましたから、トラスティーパートナーズなら自分の手で初めて大きな新規事業を、しかも不動産と人事を掛け合わせた事業を立ち上げられますし、大きな裁量権も得られて絶対やりがいがある。この話には大きな魅力を感じました。

　そこで決まりかけていた会社に事情を話し、友好的な形で入社を辞退して、トラスティーパートナーズに入社することにしました。入社後はさっそく厚生労働省に申請して人材紹介業の免許を取得、現在の人材紹介事業をスタートさせました。

　この事業には個人向けと法人向けの事業があります。個人向けの事業は、住まいと資金の変化に伴って訪れるお客さまの人生の転機をサポートできるようにするのが目的です。転職もその一つですから、そこにも弊社が関わって、人生に笑顔を増やしたい。そのための人材紹介サービスを提供しています。

また、法人向けの事業は、社宅などの不動産経営に関わるサービスを提供するなかで、人材紹介を組み合わせたクロスセールスを展開しています。こちらは一般的な人材紹介会社ではできない領域です。

まだ専任スタッフも少なく、これから伸びていく事業ですが、弊社のお客さまの満足度を高めることができると考えています。

不動産投資で成功するための条件と不動産会社の選び方は？

不動産投資で気をつけるべきなのは立地と管理体制ですね。長く運用するものですから、特に管理面での負担やコストについては大事だと思います。

また、不動産会社を選ぶ時には、こだわりのポイントをちゃんと持っていて、ご自分のライフプラン全体を考えてアドバイスをくれる業者に相談するのがよいでしょう。

従業員インタビュー❷

従業員もお客さまも信頼し合える社内文化が魅力

入社を考えられたきっかけと理由は？

新卒で不動産投資会社に就職した後、同業種内で転職、その後、ご縁のあった看護・保育事業の会社で代表取締役を務めました。でも人間関係の問題もあり、思ったような成果が上がらず、不動産投資事業に戻りたいと考えました。それ以前に共通の知人を通じてトラスティーパートナーズ立ち上げ前の関野社長と知り合っており、３度めの転職を考えていた時期に、その頃には起業されていた関野社長に連絡したことが入社のきっかけになりました。

正直に言えば、不動産業界には労働環境が劣悪なところも多く、何も知らずに入社すると後悔することがあります。最初の勤め先がそうでした。だから転職を繰り返すことにつながったのですが、不動産投資の仕事そのものにブラックな部分は本来あるはずがありません。もともとお客さまの人生に関わり、一緒に未来像を描けるとても魅力的な仕事であるはずです。そんな本来のあるべき不動産投資の仕事をしたいと思い、関野社長とコンタクトをしたのです。

関野社長は、最初にお会いした時から、常に前向きな人だという印象を持ちました。また、その後のビジネス展開や実績を見て、言ったことは必ず実行する有言実行の人、信頼できる人であると知っていたからこそそのアプローチでした。その時、関野社長に「ともに力を合わせて挑戦しよう」とフラットな目線での言葉をいただいたことを覚えています。

竹原 寛（35歳）
アセットマネジメント事業部
マーケティング部　課長代理

その言葉に何よりも人と信頼関係を築くことを大事にしている関野社長の理念を感じることができました。

その後、中途入社することになったのですが、入社してからも関野社長への印象はまったく変わっていません。

ワンルームマンション投資の経験は？

投資用ワンルームマンションを1戸所有しています。これは弊社入社以前に自分で物件を探して購入したもので、どの不動産会社からも営業を受けた経験はないのです。ただ、今の弊社の営業の仕方を経験してみると、購入当時に弊社のような会社とのお付き合いができていればよかったと思うことがあります。物件やサービスは、良心的な会社でありさえすれば、どこの会社を通して購入しても大差はありません。よいものを提供するのは不動産会社として当然ですから、それは前提として、プラスアルファとして、営業担当者とのよい人間関係があったほうが、心理的にも実務的にもなにかとメリットがあります。長期間のお付き合いが続きますから、安いから買う、というのではなく、この人なら任せられるという信頼感・安心感が大事だと、今は強く思っています。

トラスティーパートナーズでの働き方と満足度は？

私は職場環境の悪さに辟易して転職をしてきただけに、一度した約束は必ず守ってくれる会社であることがとてもうれしく、誇りに思っています。当たり前のようですが、本当の意味でこれができる会社は少ないのではないでしょうか。

　会社の満足度で言えば１００パーセントです。居心地はいいのですが、単純なぬるま湯ではなく、自分の目標を達成できなければ厳しく指摘されますし、達成し続けていれば社内で称賛される。めりはりがはっきりしています。やるべきことをしっかりやっていれば正当な評価をしてもらえますし、自分の意見も聞いてもらえます。会社全体に、そうした文化が浸透しているので、働いているのが楽しいですね。責任ある立場に立たせていただき、正当な評価をいただき、さらにお客さまの笑顔を直接見ることができる。営業マンとしてやりがいを十分に味わっています。

ワンルーム投資で成功するための条件は？

　信頼できる営業マンと二人三脚で走ることが大事です。すぐにマンション購入に結びつかなくても、不動産投資への間違った先入観をなくし、ご自分の視野を広げるためだけでも、営業マンの話を聞いてみていただきたいと思います。

従業員インタビュー❸

ウェブやアプリで不動産投資をわかりやすく

トラスティーパートナーズ入社の経緯は？

入社以前は、ウェブ制作会社で不動産とは畑違いの医療関係の企業から受託して、ホームページ制作のデザインとディレクションを担当してきました。この会社の顧客は一流企業がほとんどで制作案件の規模も大きく、それなりにやりがいを感じて前向きに仕事に取り組んでいましたが、やはり自分自身で意思決定できる範囲が小さく、大きな仕事を動かす歯車の一つに過ぎないという感覚も一方では抱いていました。その頃の同僚の一人が、ウェブ制作のプロフェッショナルを探している会社があると声をかけてくれました。その同僚が、会ってみてはどうかと勧めてくれたのが関野社長でした。それが約2年前のことです。

関野社長と話してみると、非常に人間力の豊かな人という印象を持ちました。「うちで力を発揮してみないか」と誘われたのですが、事情を聞いてみると創立から間もない企業で、ウェブをはじめインターネットやＩＴを活用したビジネスを展開したいとのことで、既存のＰＲマーケティング事業部にクリエイティブ部を創設したいという構想がありました。

一般的に、事業会社でウェブ制作をはじめとしたクリエイティブ部門を自社内に設けることは少なく、たいていは外部業者にアウトソーシングしています。それなのに、ベンチャーの不動産会社がそこまで力を入れるのは極めて珍しいケースだと思います。その理由を聞いてみると、トラスティーパートナーズのビジネススタイルの特徴からくる必然的な投資だと気づきました。電話アポをはじめ、外部セールスにほとんどコストも労力も使わず、お客さまと社員のコミュニティが仕事の創造の場であることがわかると、ウェブなどのコンテンンツの外部提供やコミュニケーションの活性化が事業の維

東田 英之（44歳）
執行役員
PRマーケティング事業部　クリエイティブ部　部長

持・拡大に大きな役割を果たせることが納得できました。その部門のトップとして力を貸して欲しいと言われて、断る理由はありません。

現在の仕事の内容は？

入社してまず取り組んだのが集客用の自社ウェブページの整備です。単に会社のPRを行うだけでなく、不動産投資に関する各種情報を提供する一方、ウェブページから登録されたお客さまに対して定期的な情報配信を行うサービスも提供しています。

また自社コーポレートサイトの制作だけでなく、お客さまからご要望があれば、個別にウェブ制作を受託しています。こちらは比率としては2割程度ですが、お客さまのご希望に十二分に答えて、弊社への満足度を上げていただければ幸いと考えています。

これに加え、まったく新しい専用チャットサービスと専用アプリの開発もしています。既存のパブリックなチャットサービスとは違い、弊社とお客さまのネットワーク専用のセキュリティの高いサービスを、一から手づくりで構築しました。

「Income.（インカム）」と名付けたこのアプリで、営業マンとお客さまや、お客さま同士が気軽にコミュニケーションができるようになっています。しかし、ただコミュニケーションのためだけに使うアプリではありません。お客さまの投資物件の買い増しや、確定申告などの実務面の細々とした疑問点や不安に答えることができるようなコンテンツをお届けできるようにしようと日々改善に努めているところです。いずれは、お客さま個々のニーズに精度高くフィットするお勧め情報をプッシュ配信できるようにしたいと考えています。まだアプリとサービスがお客さまに浸透していると言える状況ではありませんが、将来はこうしたモバイルデバイスでも利用できるサービスをさらに拡充していきたいですね。

ワンルームマンション投資成功の条件は？

私自身もワンルームマンションを１戸所有しています。関野社長を信頼して購入したのですが、現在まで何の問題もなく経営できています。これから投資をされる方には、とにかく信頼できる人を見つけることが大事だと言いたいです。

従業員インタビュー❹

意見が忌憚なく言える会社だから、自分が成長できる

トラスティーパートナーズ入社の経緯は？

入社前にはワンルームマンションを含め広く不動産を扱う会社で約7年勤め、その後、不動産売買中心の不動産会社に転職して10ヵ月ほど勤めました。営業中心にやってきましたが、どちらの会社もトップが社員の声を聞かない会社でした。例えば人材育成の方法に疑問を感じて提言しても、ただかたくなに旧来の人事や教育を行うばかりでのれんに腕押し、改善されることはありませんでした。また営業スタイルは売ってしまえばそれで終わり、次々に新規のお客さまを開拓していかないといけない自転車操業になっていたことにも懸念を抱いていました。

ちょうどその頃、最初の会社の親しい同僚と飲みに行ったんですね。彼はトラスティーパートナーズに入社し、物件管理部門に所属していました。その時たまたま部門の人手が不足していると言い、一緒にやってみないかと誘われました。そこで関野

社長のことをいろいろ聞いたのですが、どうやらこれまでの会社とは違ったタイプの経営者だと思いました。

ひとまず会ってみようと後日直接対面して話してみると、関野社長自身の考えを話すよりも、私の意見をよく聞いてくれるのですね。しかもその意見に対してのレスポンスが非常に納得のいくものでした。以前の会社で不満の一つだった人材育成・登用の考え方も、人の可能性に着目して伸ばしていこうという姿勢が汲み取れました。同僚も仕事に満足しているようでもあり、この人の会社ならやっていける、自分を成長させてくれると思い、２０１９年の10月に入社しました。

古宮 成明（30歳）
アセットマネジメント事業部
マーケティング部　主任

実際に勤めてみて、どうでしたか？

最初は、勧めてくれた同僚のいる、人手不足になっている部門に配属されると思っていましたが、関野社長は配属決定の前に、私のビジョンを聞いてくれました。私は将来的にこの業界で会社経営に参画できることを夢見ています。そんな希望を関野社長は汲み取ってくれ、営業部門で実力の地固めをしたほうがいいのではないかとアドバイスしてくれました。会社としては人手不足の部門を補いたいはずなのにと、驚いたものです。

そんな経緯で営業として働き始めてわかったのは、営業のやり方が今までの会社とは全然違うことです。これまでは、お客さまに話をとにかく聞いてもらい、説明し尽くしたところで契約に至るというのが基本でした。ところが関野社長に同行してお客さまにお会いすると、お客さまは説明なんかほとんど聞かずに「関野さんにお任せするよ」とおっしゃる。もともとお客さまは、別の紹介者の方からトラスティーパートナーズや関野社長のことは聞いて知っているということもあるのでしょうが、本質的にお客さまの心をつかむ人間力というか、対面した相手の心理を洞察する凄い力があると感じました。これは誰にでも真似できることではありませんが、お客さまに寄り添って、お客さまに何か利益になることを提供するという関野社長のスキームは、私でも真似できるのではないかと思っています。

働きやすさに関してはいかがですか？

以前の会社を辞めた理由の一つは残業の多さで、夜の10時や11時にならないと帰れないのが日常でした。今の会社では、やることさえやっていれば定時に帰ることができます。残業時間が短いというような理由で注意されることはありません。もちろん営業の常として就業時間後のお客さまとの会食は重要なので、かなり頻繁に行いますが、その席でストレスを感じるようなこともないですね。これも関野社長のやり方を踏まえているからだと思います。お客さまの前だからといってかしこまって「ご接待」するわけでなく、友人同士のようなフランクな雰囲気で会食を楽しむことができます。会話のポイントさえ押さえてきちんと話せれば、何の問題もないのです。

ワンルームマンション投資を考えておられる方にひとことお願いします

投資に興味があってもなくても、一度弊社の営業マンに会ってみてくださいと言いたいです。不動産投資以外でも、人生設計や将来計画に必ずプラスになるプランニングが私たちならできます。とにかく会って話をさせていただきたいですね。

従業員インタビュー❺

お客さまの人生を預かる重みを実感

トラスティーパートナーズ入社の経緯は？

私は弊社が新卒採用を始めた時の第1期生です。今年4年めですが、営業の課長職を務めるようになりました。大学時代はナイトクラブでＤＪをやっていました。夜の世界も面白かったのですが、昼の世界をまるで知らないことに気づいた時、ビジネスの世界には、そこに出ないとわからない情報があるのではないか、それが知りたいと思うようになりました。それに自分の力が昼の世界でどのくらい通用するのか試してみたい気持ちもありました。

就職情報を調べるうち、トラスティーパートナーズの募集要項に「人間力が磨ける」「人脈が作れる」「完全成果主義」という文字を見つけました。人間力は営業力に通じますし、人間的な魅力を獲得できるかもしれません。夜の世界では築けなかった種類の人脈もつくりたいし、働いただけ報酬がもらいたい。それはまさに私が昼の世界の仕事に求めていたことだったのです。

求人に応募し、最終面接で関野社長と初めて面談しましたが、わずか5分で私の考えを全部見透かされた気持ちがしました。私が考えていることに対して質問しなくても答えてくれるような関野社長の対応に「この人はきっと営業ができる。人を見る目がある」と直感的に思い、入社を決めました。

営業の仕事に取り組んだ感想は？

田安 美和子（28歳）
アセットマネジメント事業部
マーケティング部　課長

営業スタッフとして働いた1年目はしんどかったですね。こんなにハードワークだとは思わなかったというのが本音です。不動産投資のご支援を行う仕事は、ただモノを売るだけでは済まず、お客さまの人生を預かるような仕事だったのです。その重みに入社前には気づいていませんでした。なかなか成績が上がらずストレスと葛藤のなかでもがきながら、知人のつてで紹介していただいたお客さまと初めての契約にこぎつけた時はうれしかったですね。自分のポテンシャルを認めてもらった気がしました。その後は契約数が5本、18本、30本と増えていき、ひと月に2～3本は確実に契約できるようになりました。関野社長の背中を追っているうち、お客さま第一に考えることと、連絡を常時とってクイックレスポンスを心がけることが身についてきた気がします。現在は私のお客さまと言える方が100名ほどいらっしゃいます。その方々を失望させるようなことがないように、また新規のお客さまに満足いただける対応ができるように、今後も頑張っていこうと思います。

関野社長からは「営業は自由にやれ」と言われました。自分の思うように仕事をしていけばいいという営業スタイルは私に合っていると思います。でも、私が学んだことを後輩がもっと効率よく理解して、再現性がある営業活動ができるようになるとさらによいのではないかとも考えています。その部分をフォローできるよう、数ヵ月前に営業マニュアルの作成に着手したところです。

トラスティーパートナーズの特徴は？

完全会員制＝紹介制になっているのが何よりも強みですね。一度弊社が支援してワンルームマンション投資を始められた方は、追加購入をされるケースが多く、また友人・知人を紹介してくれるのです。同業他社では電話営業ばかりしているというような噂を聞きますが、古い不動産会社の営業スタイルとは完全に一線を画したクリーンな営業スタイルになっていますし、お客さまだった人が弊社の社員になるケースも多いのが弊社の特徴です。また技術系の社員を採用して、ＩＴ面でも強くなったと思います。

ワンルームマンション投資成功の条件は？

不動産会社の営業担当者をよく見て選ぶことが大切です。一緒に将来のことを考えてワクワクできる人、知識量が申し分ないこと、そして誠実さを兼ね備えた人かどうかを、直感でもよいので選んでいただきたいと思います。私はそんな視点から選ばれる人間になりたいと思っています。

従業員インタビュー❻

バックオフィス領域でお客さま満足度を追求

トラスティーパートナーズ入社の経緯

前職は関野社長が営業部長を務めていた不動産会社勤務です。そこで関野社長が独立する時、お誘いに乗る形で真っ先に賛同して、起業準備のために関野社長より一足先に退職しました。会社設立前の1年間は、六本木のバーラウンジで店長を務めました。関野社長は前職時代から抜群に仕事ができていて、業界に右に出る者がいないくらいに圧倒的な業績を上げていました。私はその営業力に、関野社長の人間的な魅力=人間力を感じました。人間力とは人を引きつける力です。もし日本一の営業の言葉をそっくりコピーして相手に話したとしても、話す人に魅力がなければ成約しないでしょう。私も営業を担当していましたから、関野社長には私や他の営業スタッフにはない魅力がある、だから必ず営業は成功すると思いました。しかも関野社長は昔も今も営業が大好きな男。仮に失敗しても何回でもやり直せるパワーやポテンシャルが備わっていることも理解していました。だからこそ、一緒に会社を立ち上げたいと思ったのです。実際現在でも関野社長にはファンが多いのです。そもそも関野ファンが会社立ち上げの牽引力になってくれましたし、弊社の強みになっているお客さまネットワークも、そもそもはファンの方々によって自然発生的にできたコミュニティがもとなのです。

現在の事業部のお仕事は？

中尾 友哉（32歳）
プロパティマネジメント事業部
賃貸管理部　部長

現在はプロパティマネジメント事業部で仕事をしています。起業の時から関野社長がフロント担当、私がバックオフィス担当という役割分担を決めていました。この事業部では、物件の賃貸管理が仕事の中心になります。入金を管理して、決してオーナーさまの返済に影響を及ぼさないように対応するのが鉄則で、ミスが許されないので管理情報は2重3重のチェックを行います。退居者があった場合の解約業務や次の入居者の募集、鍵交換、清掃手配などの業務もあります。クレーム対応は騒音、水回りのトラブル、エアコン、シャワートイレなどに関するものが時々ありますから、迅速な修理手配や入居者同士の生活行動に関する注意も行います。基本的には社員が直接現地に赴いて対応しますが、休日対応が必要な場合に備えて専門のレスキュー会社と連携した緊急対応もしています。緊急対応の場合も履歴を残して、ネットを通じて担当社員が自宅からでも状況確認ができる体制を整えました。賃貸契約に関しては国土交通省のガイドラインに則って対応していますから、大きなトラブルは発生していません。マンション経営にオーナーさまが実質ノータッチで済むようにと、見えないところで多くの仕事をしています。

こうした管理業務は、実は管理会社によって対応がさまざまです。時には賃貸契約解約時にオーナーさまに相談せずに勝手に敷金相殺などをしてしまう業者もいますし、クレーム対応に時間がかかりすぎたりする場合もあります。弊社は常に迅速対応をし、クレームが発生したとしても最終的に「ありがとう」と言ってもらえるような対応を心がけています。そう言ってもらえると本当にうれしいものです。
また購入時点で弊社以外の不動産会社を利用していた方から、既所有物件の管理の相談を受けることも多くなりました。家賃の値下げを覚悟しているようなお客さまでも、リフォームなどによりできるだけ収入を下げないような提案をさせていただいています。管理契約を弊社に移行していただくことも多いですね。

ご自分の仕事内容は？

人事や総務などの仕事や、システムまわり、顧客管理などのバックオフィス業務は大部分後任に引き継ぎましたが、今もある程度関与はしています。現在は創業３年めに始めた新卒採用を中心にした採用業務を主にやっています。かつては即戦力となる中途採用ばかりでしたが、新卒採用により、会社に新しい風が吹き込まれたと感じています。人を育てるのは大変ですが、弊社独自の理念や社風、文化を素直に受け入れてくれるので頼もしいですね。
人材育成の基本方針は、営業力をつける前に人間力をつけることです。若いスタッフには身だしなみや言葉遣いなどの基本中の基本をまず身につけてもらうように指導しています。「若いのだからしょうがない」という文化は弊社にはありません。若い人は若さゆえに年配のお客さまの反感を買うこともありますが、ビジネスの常識と人付き合いの基本が叩き込まれていれば、「若いのにしっかりしてるね」と大逆転の評価を得ることができます。知識や営業スキルは徐々に身につくものです。その前に人間的な魅力を備えることを重視しています。この方針は若い社員に十分に浸透してきていると思います。今は、自分で採用した人が思い切り活躍している姿を見ることが一番楽しく、うれしく感じます。

またバックオフィス業務のデジタル化にも力を入れています。顧客管理システムを内製して、ウェブ広告やメール配信に反応してくださった方に面談の申し込みを簡単にしていただけるような情報連携を実現していますし、会員向けの専用チャットツールも開発しました。従来の不動産業界は長くアナログな紙文化で業務効率が悪かったのですが、弊社は後発であることも幸いして、デジタル化による効率化や高度サービスが創業初期から実現できています。今後は社内に蓄積された各種のデータを迅速に分析するシステムを構築し、お客さま個別によりきめ細かい営業活動ができるようにしていきます。賃貸管理業務からのデータも、分析すれば物件仕入れなどに役立つ情報が入手できるでしょう。自社実績に基づいたデータの分析により、他にはない独自の情報が取り出せるのが強みです。とにかくあの手この手で営業や賃貸管理の精度を上げ、「トラスティーパートナーズに管理を任せると入居率いいよね！」と思ってもらいたい。その一心でやっています。

不動産投資で成功する条件は？

不動産投資にはマンション・アパート・シェアハウスの一棟物件、戸建て物件、ファミリー向け区分所有マンションなどのジャンルがたくさんあります。最もリスクが低く、始めやすくて安定しているのがワンルームマンション投資ですが、ご自分のゴール地点をどこに設定するのかによって、ジャンルを選び、最適な投資先を見極めることが大切です。弊社にはいろいろなジャンルのバックグラウンドを持つ社員が集まっていますから、将来ビジョンをお話しいただければ、最適な不動産投資の仕方をご提案できます。まずはご相談いただきたいと思います。

第5章　未来を輝かせる不動産投資のために

ここまでお読みいただいてありがとうございます。区分所有のワンルームマンション投資についての不安要素は解消されたでしょうか。また不動産業界にはまだまだ暗部がありますが、クリーンで透明性のある不動産業者もあることがおわかりいただけたでしょうか。繰り返しになりますが、家賃収入によるインカムゲインを中心にしたワンルームマンション投資は最もリスクが少なく、安全で堅実な投資対象です。あなたの未来から金銭的な不安を低減し、人生をさらに輝かせるのがワンルームマンション投資です。改めてまとめると、主要なメリットは次の5点です。

- 将来の年金だけでは不足する生活資金を家賃収入で補填できる
- 生命保険、終身保険などのかわりとして利用できる
- 所得税・住民税・相続税の節税効果がある
- 年収500万円のサラリーマンでも頭金なしのフルローンが組める
- 利回り4〜5パーセント以上の安定した家賃収入が期待できる

弊社のほとんどのお客さまがこれらのメリットを認め、低リスク性を理解して契約され

ています。また、懸念ポイントには次のようなものがあります。

- **入居者がみつからない空室リスクがある**
- **家賃の下落リスクがある**
- **経年劣化が避けられず、修繕、メンテナンスコストがかかる**
- **ローン金利上昇の可能性**
- **地震などの災害による損壊、価値低下**

これらについては第2章に記したような対策があります。簡単に言えば、都内の優良物件を選ぶことと、管理能力に優れた管理会社を選ぶこと、運用中に不安要素が生じたらすぐに相談できる信頼のおける投資パートナーを選ぶことが対策になります。サブリース契約も空室リスク対策に非常に有効です。

これらの懸念ポイント以外に最も心配されるのは家賃の値下げが不可避となった場合などに、収入よりも融資返済金額が著しく高くなって返済が困難になることです。しかしそれはそもそも不当に高い物件価格で物件を購入し、購入額に沿った高額な家賃設定をしていたことが要因である場合が多いのです。そんなことが起きるのは「不動産会社に騙された」場合だけと言ってもよいでしょう。誠実な不動産会社は適正な価格で売り、空室リスクを最小限にして経年劣化の影響以外に家賃値下げの必要がないような家賃設定をアドバイスしています。このリスクは優良な不動産会社を選ぶことで避けられます。ただ不動産会社が優良かどうかは、ご自分で周辺地域の物件価格や家賃相場などを確認して、営業担当者が本当のことを言っているのかどうかチェックする必要がありますね。

不動産会社のランキングサイトをチェックしよう

ワンルームマンション投資を扱う不動産会社は全国に300社ほどもあります。商談を進めてさまざまな条件が明らかになったところでご自分でその条件の正当性・妥当性をチェックすることをお勧めはしますが、複数の会社で紹介された物件について諸条件を一つひとつ適正かどうか確認・調査するとしたらコストも時間も膨大になり、お仕事をお持ちの方には現実的にいつまで経っても買えないことになってしまいがちです。正しい情報をもとに、購入者のニーズに沿った物件を選別して、絞り込んで情報提供してくれる不動産産会社、しかも定評のある誠実な不動産会社を選ぶことが極めて重要です。

　優良なパートナーをどう選ぶかは難しい問題です。弊社はそんなパートナーとなれる自信がありますが、まずは他社と評判や満足度を比較していただきたいと思います。これには好適なウェブサイトがあります。「知ってて良かった不動産投資会社 完全比較ガイド」(https://fudousantoushi-guide.link/) というページから、さまざまな視点での不動産投資会社のランキングデータを見ることができます。このサイトの運営会社には弊社も投資していますが、参加している不動産投資会社について、客観的な数値データで比較をしています。各種の不動産関連情報や基礎知識の解説もあり、ユーザーの口コミ情報も書き込むことができますから、まだスタート間もないサイトですが、ゆくゆくは不動産投資を考える人がまず見に行くサイトとして成長していくことを期待しています。

ワンルームマンション投資は不動産投資の世界の入り口

　最初のワンルームマンション投資で堅実な人生の資金計画ができた後、その他の不動産投資にも興味を持たれるお客さまがたくさんいらっしゃいます。そうした方からワンルームマンション投資以外のご相談をいただくことも多いので、弊社としてできるだけのアドバイスやご支援、ご提案をさせていただいています。主には次のような投資対象を考えられるようです。

区分所有ワンルームマンションの買い増し

1室よりは2室、2室よりは3室と所有戸数が多いほど、将来の見返りは大きくなります。銀行融資がどこまで出るかはお客さま次第ですが、上場企業にお勤めの方で年収がある程度高めの方であれば、2500万円クラスの物件を何戸も購入できるくらいの融資がつきます。融資がつく限界まで買い増したいというお客さまも多いのです。複数の物件を所有していると、万一の災害などで物件価値が下落しても、他の物件からの収入で補填することができます。また都心部のマンションを所有しながら、地震の影響が低いと言われている地域のマンションを購入して地震リスクに備えるという人もいます。そもそもが低リスクとはいえ、できるだけリスク分散して安心したい方も、ワンルームマンションの買い増しをされています。

マンション、アパートなどの一棟物件

ワンルームマンション経営で資金計画ができた後、マンション、アパートなどの一棟を丸ごと購入して経営する方も多くおられます。こちらはワンルームに比べて物件価格が高額なうえ、融資判断が厳しく、相応の自己資金があるか、年収条件などの個人属性が高くて大きな融資が受けられるようでないと購入できません。しかし購入できれば収入はワンルームの比ではありません。老後資金の確保以上に稼げる可能性も十分にあります。そのかわり、入居者募集をはじめさまざまな管理コストがかかり、管理の労力も大きくなります。不動産投資初心者にお勧めはしませんが、資金力が十分で不動産投資に慣れた方なら、挑戦してみると面白いと思います。ただし売却の時に買い取り先が見つかりにくいこともあり、リスクは相応に高くなります。

一戸建て住宅

土地も建物も自己所有になり、築古物件でも自由にリフォーム、リノベーションして、資産価値を高めることができます。供給量がそもそも少ないので、少々高めの家賃設定でも入居者が得られる可能性がありますし、売却するのも比較的容易です。ただし都内で物

件を見つけることが難しいうえ、賃貸で入居したい人もそう多くありません。また建物や庭などの修繕やメンテナンスコストも高くなりがちです。

不動産投資信託（REIT）

証券の投資信託と同様に、不動産運用を行う会社に投資して、家賃収入などを投資家に分配してもらう投資法です。証券取引所に上場している銘柄はJ-REITと呼ばれています。少額から始められて初心者向きと言われます。ただしどんな物件に投資するのかを投資家が決めることができません。人任せの運用になるのを許容するかどうかの判断が必要です。また株式などと同様に取引価格は変動し、安定した利回りが得られるかどうかはわかりません。弊社では今のところ扱っていません。

また、不動産投資の後に株式、為替、ＦＸ、仮想通貨など、不動産以外の各種の投資対象に興味を持たれる方もたくさんおられます。弊社の事業外の領域になりますのでサポートすることはできませんが、弊社などが支援した不動産取引で得た投資知識は、他の投資対象でも汎用的に活用できる部分があります。いずれにせよ、不動産投資で自分の将来の安心を手に入れたうえに、余裕資金ができた方は、恐れずにさまざまな投資に挑戦することができるようです。

トラスティーパートナーズの今後の取り組み

弊社の存在意義は社会に笑顔のある未来をつくり出すことにあります。そのためには「オールウェイズ・アップデート」、つまり常に変わり続けていくことが大事だと考えています。現在において社会を変革していく原動力になっているのはＩＴです。弊社はＩＴと不動産をかけ合わせると無限の可能性が生まれると考えます。その可能性を具体的なサービスとして実現していくことで、お客さまに新しい価値を提供していきたいと考えています。事業のイノベーションを重ねながら、ゆくゆくは株式公開（ＩＰＯ）を実現し、さらに事業の幅と奥行きを広げていくつもりです。

具体的な取り組みとしては、弊社独自の新しいツールやサービスの提供を準備しています。すでに顧客管理システムとコーポレートウェブサイトの面談申し込みデータとの連携や、会員専用チャットツール「Income.」の自社開発、前述の不動産投資会社比較サイトへの出資、各種SNSやメッセージサービス、メールによる情報発信といった取り組みをしてきました。これらに加え、今後はさらに高度なReTechの領域への取り組みを強化していきます。現在開発途上にあるツールやサービスのうち、主な3つを紹介しましょう。

投資管理のためのマネジメントツール

新しい取り組みの一つめは、お客さまがご自身の資産を可視化するマネジメントツールの提供です。不動産をはじめ、各種の投資対象の現状を集約してひと目でわかるように提示できるツールとなります。これは「Income.」の機能オプションの一つとして位置付けることを予定しています。

お客さまとのコミュニケーションをさらに促進するリモートツール

いつでも、どこからでもリモート（遠隔）環境から弊社のスタッフとコミュニケーションができる、メールとチャットを中心にしたコミュニケーションツールとして「Income.」をアップデートします。お客さま個人で精密な投資管理を可能にするだけでなく、専門知識を持ったスタッフに、いつでも簡単に相談できるようにして、疑問や不安を即時に解消するサービスになるでしょう。また、急を要する対応依頼や、場合によっては売買の注文もこのツールから行うようにできるかもしれません。

総合投資シミュレーションツール

市況や市場価格などの情報を機械学習して、現状や未来の収益予測などを自動的にシミュレーションするＡＩ（人工知能）ツールを開発しています。こちらは営業担当者と面談や電話で話す以前に、お客さま自身のライフプランに投資がどのように役立つのかを試算することができるツールとするつもりです。

お問い合わせ自動対応ＡＩチャットボット

弊社には日々、投資関連の一般的なお問い合わせが数多くあります。それに営業が対応して個別に正確な事実や知識をお伝えしているほか、よくあるご質問に対してはコーポレートウェブサイトやパンフレット、書籍、セミナーなどを利用して疑問解決に役立つ情報をお届けしています。このお問い合わせ対応を、より迅速に、きめ細かく、しかもお客さまの負担が少ない方法で行うシステムとして、ＡＩを利用したチャットボットを提供する計画です。チャットツールの「Income.」などからご質問をいただくと、チャットボット（テキストによる会話専用の自動対応システム）が回答する仕組みになります。普通に話すようにチャットボットに質問すれば、チャットボットが会話形式で答えを返します。

しかもありきたりな定型回答ばかりのチャットボットではなく、お客さまの年収や自宅ローン残高などのプライベート情報を登録していただいた場合には、融資が得られる上限から購入可能な戸数の算出などのシミュレーション結果までお答えできるようなインテリジェントな仕組みを、機械学習とＡＩ技術を駆使して構築していきます。

こうしたツールやサービスの開発は、どれもお客さまの生活に弊社がより深く、きめ細かくアプローチしたいという想いで取り組んでいるものです。弊社を利用することでお客さまに絶対後悔させず、また購入した時のワクワク感をさらに未来につなげることができると考えています。本書執筆時点では、お客さまのプライベート情報をいかに安全に保管し運用できるかのセキュリティ強化やリスクマネジメント体制に細心の注意を払っている関係でサービス開始に時間がかかっていますが、できるところからオープンしていきたいと思っています。

　また、弊社内でのＩＴによる業務効率化も合わせて進め、お客さまや市場のビッグデータ分析を精緻に行い、よりお客さまのリスクを低減し、利益や満足度を向上させる営業や管理サービス、情報サービスを提供していきます。クラウド、モバイル、ビッグデータ分析、ＡＩ、機械学習、ＩｏＴといった現在注目されているテクノロジー、あるいはこれから出てくる新テクノロジーを積極的に活用して、お客さまの資産形成をより確実なものにするサポートを発展させていきたいと考えています。どのようなテクノロジーを利用するにしても、弊社のミッションはお客さまを笑顔にすることです。これまで同様に、人と人とのつながりを最重視して、お客さまの人生がより輝くように、微力ながら尽くしていきたいと考えています。

企業内個人のファイナンシャルプランニングサービスも計画中

　もう一つの大きな戦略として、企業との業務提携により、企業内個人の不動産投資促進に取り組んでいきます。本書で述べてきたように、不動産投資はリスクが少なく、将来の資金計画を安定させ、安心できる人生設計を可能にします。多くの企業は従業員に将来の不安なく働いてもらいたいし、退職後も含めた明るい未来を具体的に想像できるようであってほしいと願っているはずです。そうした企業では企業型確定拠出年金（４０１Ｋ）を採用し、従業員が望めば企業が提示する運用商品を選択できるようにしているケースが多いのです。その運用商品の一つとして、不動産投資を組み込めば、従業員の方々の選択肢が増えます。不動産投資は、確かな見返りがある安定した資産形成手段だという認識が一般化すれば、企業として選択を促進することで、従業員により豊かなライフプラン設計を考えてもらうことができます。運用商品として企業が提示するのは定期預金、保険、投資信託が一般的ですが、それと同列に、不動産投資を選べるようにしていくと、従業員の将来のさらなる安心につながり、会社への満足度が上がると考えています。

不動産投資を企業の福利厚生の一環として採用していただくというこのアイディアは、不動産投資の現実の姿を広く、正しく認識していただくことが前提になります。そのために、例えば社内講習として不動産投資セミナーを実施したり、いつでも不動産投資の相談ができるブースを出させてもらったりと、さまざまな布石を打っていきます。企業内個人に不動産投資について正しい知見をもってもらい、ご自身のライフプランのなかでどう生かせるのかを考えていただくためのあらゆる支援策を実施していくつもりです。

この章では、ワンルームマンション投資のその先にある投資対象と、トラスティーパートナーズの今後の事業展開のポイントを説明しました。ワンルームマンションへの投資は、それ自体がご自身の豊かで輝かしい未来を創るためのライフプラン設計に役立ちます。また同時に、さらに豊かな資産形成を図るための投資の入り口でもあります。不動産投資を学び、実際に経験することを通して初めてわかることは数多くあります。その知見を次の投資に活用することで、低リスクでさらなる資産形成が可能になります。

不動産、あるいは投資という言葉に抵抗感を覚える方も多いと思いますが、不動産業界のブラックな部分、グレーな部分に不安がある方は、ぜひ弊社にその疑問や不安箇所を具体的にご相談いただきたいと切に願っています。クリーンで完全に透明な形で、不動産投資の基礎知識をお伝えし、個別のライフプラン設計、資金計画をご支援させていただきます。

あとがき

本書ではワンルームマンション投資の考え方や具体的なメリット、デメリット、弊社のお客さまや社員の経験や考え方、さらに弊社と私の事業への取り組み方や将来展開について述べてきました。通して読んでいただいた方には、ワンルーム投資の真実の姿と、弊社の理念やミッションをご理解いただけたのではないかと思います。

本書執筆にあたって、第三者を通した取材を通じて日頃親しく交際していただいているお客さまや、元は弊社のお客さまだった人で弊社に転職したスタッフなどの経験と考えを、いつもとは別の視点から改めて知ることができました。そうした人たちの声のなかには、私個人として面映い部分が多々ありますが、仕事に関してたいへん満足していただいており、不動産投資へのイメージが変わったという声が多いことに感激しました。インタビュー記事からお客さまと弊社とのアットホームな交流や、お客さま同士の交流の広がりを感じていただけたことと思います。そうした人間と人間の交流により創り出される信頼の輪が、弊社事業の原動力となっています。

この人間同士の信頼の輪の形成こそが、弊社の強みであり、お客さまに満足いただける重要要素です。トラスティーパートナーズ、つまり信頼できる（たくさんの）パートナーたち、という意味の社名に込めた想いが、設立から6年をかけて結実してきました。しかしまだまだ弊社は発展途上です。

私が理想とする組織のイメージは、かつて多くの保険会社がとっていた「相互会社」と似ています。相互会社とは、保険業界だけに認められた組織形態（保険業法による）で、たくさんの人が少しずつ保険料を出して、保険加入者が亡くなったり怪我や病気、事故などに遭遇したりした場合にプールした保険料のなかから決められた金額を支払う仕組みになっています。保険契約者それぞれが「社員」（一般の従業員という意味ではありません）となり、助け合って保険機能を維持していく相互扶助のシステムです。大手保険会社は組織運営の難しさから株式会社へと転換していきましたが、契約者の相互扶助という仕組みを、弊社の会員同士の相互扶助という仕組みに置き換えて、人間同士の助け合いを促進する組織にしていきたいと考えています。

トラスティーパートナーズはもちろん株式会社としてやっていきますが、コンセプトとしては、相互会社に近い組織体でありたいのです。先にも書いたように、弊社は独自の「完全会員制」の会社です。会員の皆さんが一緒になって不動産投資事業を推進して、応分の収益を分配していけるような形になったら理想的だと考えています。

不動産投資事業を行う会社はたくさんありますが、そのなかで弊社を選び、信頼してくださった皆さんは、私たちの貴重な仲間です。そんな仲間と一緒になって、よりよいサービスをつくり上げ、会員全員が明るい笑顔あふれる未来を手に入れることができる組織体にしていきたいと願っています。私と、弊社社員が皆さんにとってオンリーワンの、文字どおりのトラスティパートナーになれるよう、一日一日をこれからも積み上げていきます。

本書が読者の皆さんの今後の人生設計の一助になることを願ってやみません。

２０２０年2月　関野　大介

著者プロフィール

関野 大介（せきの だいすけ）

トラスティーパートナーズ株式会社 代表取締役社長

1985年12月、東京都大田区生まれ、神奈川県横浜市育ち。
2004年5月〜2006年10月、クルーガーグループ株式会社にて営業職を経験したのち、2006年11月〜2013年8月、プロパティエージェント株式会社にてアセットプランニング事業部 事業部長を務める。
2013年9月にトラスティーパートナーズ株式会社を設立、代表取締役社長に就任。グループ会社のトラストコンサルティング株式会社の取締役会長を兼任、その他数社に出資し、経営に参画。
https://trusty-partners.co.jp/

編集／土肥 正弘
装幀／薄 良美

秘訣は不動産会社選びだった
ワンルームマンション投資の基本

2020年3月22日　初版第1刷発行

著　者：関野大介
発行者：内田雅章
発行所：TC出版
〒104-0061　東京都中央区銀座3-11-3 LEAGUE402
TEL　03(6278)8763／FAX　03(6278)8769
発売元：有限会社万来舎
〒102-0072　東京都千代田区飯田橋2-1-4
九段セントラルビル803
TEL　03(5212)4455
E-Mail letters @ banraisha.co.jp

印刷所：株式会社エーヴィスシステムズ

ISBN978-4-908493-41-6